Edouard BERNEUIL

ORIGINE

DES NOMS

DES VOIES PUBLIQUES

DE

PONTOISE

ET DE

SAINT-OUEN-L'AUMONE

PONTOISE

TYPOGRAPHIE DE LUCIEN PARIS

—

1906

VOIES PUBLIQUES

DE

PONTOISE

ET DE

SAINT-OUEN-L'AUMONE

O

Tiré à 100 exemplaires

№ 

Édouard **BERNEUIL**

ORIGINE

DES NOMS

DES VOIES PUBLIQUES

DE

PONTOISE

ET DE

SAINT-OUEN-L'AUMONE

PONTOISE

TYPOGRAPHIE DE LUCIEN PARIS

—

1906

PONTOISE

PRÉFACE

Les préfaces les plus courtes étant, à mon avis, les meilleures, je mettrais mes actes d'accord avec ma pensée.

Il m'a paru que pour la plus grande majorité, les Pontoisiens ignorent l'origine des noms que portent les voies publiques qui sillonnent leur ville natale, et par lesquelles ils passent journellement. Je me hâte d'ajouter qu'on aurait mauvaise grâce de leur en faire un grief, aucun ouvrage traitant cette matière n'ayant, jusqu'ici, été publié. On trouve bien dans certains livres d'histoire locale des passages ayant trait à des noms de rues, mais ils se rapportent aux faits, aux événements relatés ; on rencontre bien aussi, et tout particulièrement dans *La Ligue à Pontoise*, de M. Henri Le Charpentier, quelques nomenclatures de rues très anciennes et leurs changements successifs de noms, mais ce n'est qu'à titre de renseignement, sans autres détails. De là, à constituer une étude complète des voies de notre ville et de leurs dénominations, il y a loin.

Aussi ai-je résolu de combler cette lacune, d'abord, en vue de l'instruction et de la distraction, tout à la fois, de mes concitoyens, ensuite, pour l'intérêt que cette tâche offrait pour moi, qui ne suis pourtant pas, comme dit l'autre, « né natif » de Pontoise, mais qui ai bien droit à mes lettres de grande naturalisation pour ce que depuis bientôt un quart de siècle, j'y ai élu domicile — tant à Pontoise même qu'aux environs.

Pour pouvoir présenter mon ouvrage en état convenable, il m'a fallu, premièrement, m'armer de patience ; secondement, me livrer à des recherches parfois ardues et compulser nombre de documents, tels que manuscrits, registres, plans, etc. J'ai dû lire, en outre, presque tous les livres qui ont été écrits sur Pontoise, la Ville-Vierge comme on la surnommait au XVIe « à cause de sa dévotion à la mère du Christ et pour la pureté de ses mœurs et sa haute moralité ». J'ai dû, enfin, manipuler des lexiques, des encyclopédies, des biographies et autres volumes de cette sorte et de ce poids, et, quelquefois, ainsi qu'on le verra, mes recherches n'ont pas été entièrement couronnées de succès. Je me suis vu forcé, alors, pour suppléer à la certitude, de me contenter de cultiver le champ des hypothèses.

Quoique cela, je pense avoir livré un travail aussi complet que possible. S'il s'y est glissé quelques erreurs..... mais qn'on me cite donc un ouvrage de ce genre qui n'en contienne pas ! On a déjà bien de la peine à relater, sous leur vrai jour, les événements, les faits contemporains, qui se passent autant dire sous nos yeux ; nul n'ignore, comment, la plupart du temps, s'écrit l'histoire ; à plus forte raison est-il très difficile de reproduire, avec la plus scrupuleuse exactitude, des événements, des faits antérieurs et quelquefois de beaucoup, à notre époque ; il faudrait, pour pouvoir affirmer leur authenticité, qu'ils soient venus jusqu'à nous exempts des déformations que leur ont fait subir à tour de rôle, les auteurs souvent trop enclins à obéir aux écarts d'une imagination fertile. Le lecteur voudra donc bien être indulgent, car *Errare humanum est*, et prendre en considération ma patience et mes efforts. C'est l'unique récompense que je sollicite de son impartialité.

— L'auteur plaide d'avance les circonstances atténuantes, va-t-on peut-être penser, l'authenticité de ses allégations serait-elle sujette à caution ?

Je ne plaide pas les circonstances atténuantes ; je tiens seulement, ayant fait tout ce que j'ai pu et, conséquemment, tout ce que je dois, à déclarer que si, par endroits, je me suis trompé, c'est que les documents que j'ai eus entre les mains sont, ou incomplets, ou erronnés, et cela ne paraîtra pas surprenant quand on saura que certains de ces documents, relatifs au même objet, sont en contradiction les uns avec les autres.

C'est pour cette dernière raison que je me suis abstenu de renvoyer, par des notes, aux sources où j'ai puisé les renseignements que je livre aujourd'hui à la publicité. Et puis ces renseignements sont vraiment trop, ce qui, naturellement, aurait entraîné à de fréquents et nombreux renvois. Or, à mon sens, quand elles sont en trop grand nombre, les notes alourdissent le texte et lui font perdre sa liaison et sa clarté : elles font perdre, comme on dit vulgairement, le fil de la lecture, et tout l'intérêt que peut comporter cette lecture se trouve, en quelque sorte, suspendu. En outre tout le monde n'a pas la facilité d'aller aux sources, alors à quoi bon y renvoyer les lecteurs qui ne doivent en faire aucun cas?

Je me suis contenté d'indiquer, à l'occasion, les ouvrages les plus connus, ceux qui sont à la portée de tous, mais je les ai indiqués dans le texte, de façon que ces indications en soient partie intégrante et ne nuisent pas à son harmonie.

Salve lecteur; je n'ai eu, en écrivant cette brochure, d'autre but que celui de vous intéresser. Puissé-je y avoir réussi.

E. B.

Auge (sente de l')

Sentier qui mène au lieu dit le *Clos à l'Auge*.

Le nom d'*Auge* peut bien avoir été donné à ce clos, en souvenir de frère André de l'Auge, de l'ordre des mineurs, prédicateur, natif de Pontoise, et qui vivait en 1523.

Auvers (route — sente d')

Ces deux voies conduisent à Auvers. La route, parallèle à l'Oise, est la continuation du quai du Pothuis ; la sente, ancienne voie romaine de Pontoise à Senlis, et établie à mi-côte, est parallèle à la route.

Balais (rue des)

Cette rue, fort ancienne, tire son nom de ce que les marchands de balais, qui venaient, au marché, vendre les produits de leur industrie, se tenaient plus particulièrement à cette place.

Basse (rue)

Voie située dans la partie basse de la ville et qui épouse le cours du ru de Viosne — à moins que ce ne soit le ruisseau qui épouse la rue — ru artificiel creusé par ordre de Saint-Louis depuis la haie d'Osny, à la sortie du parc de Busagny, jusqu'à la porte du Bart — Place Notre-Dame — pour procurer à l'abbaye de Maubuisson un moulin à moudre le grain construit près de cette porte.

Ce faux ru fut continué jusqu'à l'Oise, par la suite, probablement à la demande de propriétaires désireux de construire à leur tour des moulins.

La portion de la rue Basse qui part de l'Oise et va jusqu'à la rue de l'Hôtel-Dieu, s'est appelée, du commencement du xviiie siècle jusque vers la moitié du xixe. rue de *Bucherel* ; la portion qui va de la rue de l'Hôtel-Dieu au numéro 41, s'est dénommée rue de la *Petite-Tannerie*, à cause des nombreux tanneurs qui l'habitaient. Il n'y a pas encore longtemps, on pouvait voir, au numéro 37 une tannerie appartenant aux frères Guérin.

Du n° 41 au n° 55, la rue Basse était désignée par la *Fontaine-du-Bourg*, d'une fontaine. connue, depuis la Révolution sous le nom de fontaine des *Deux-Tuyaux*, et qui existe encore au n° 41.

La portion de la rue Basse qui comprend aujourd'hui les n°s 55 à 70, portait en 1791, le nom de rue de la *Grande-Boucherie*, dans laquelle se trouvaient réunies de dix-huit à vingt boucheries ; au xvie siècle, on désignait cet endroit par la dénomination : les *Boucheries*, ou celle : *Halle à la Viande*. Dans cette partie de la rue Basse, presqu'en face de la rue de la Harangerie, se trouve une impasse qui mène à la Viosne et qui, aujourd'hui n'est pas dénommée ; sous la Révolution elle portait le nom de *Passage du ru de la Boucherie* ; sous l'ancien régime, c'était l'impasse du *Moulin des Carmélites* ; enfin vers 1830, on l'appelait impasse du *Moulin de la Braque*. Il paraît qu'en 1825, ce nom était encore gravé sur le mur de l'immeuble sis à gauche en entrant par la rue Basse.

La portion de cette rue qui va du n° 71 au n° 89 avait nom rue de la *Grande-Tannerie*.

A un certain moment, antérieurement au xvie siècle, la rue Basse, tout entière, s'est appelée rue des *Moulins*.

Cette rue est riche en immeubles historiques. Au n° 3 se trouve l'ancienne résidence des Jésuites, construite vers l'an 1700 ; au n° 53 est le couvent des Carmélites, dont la première pierre fut posée en 1607 ; au n° 83 sont les bâtiments de l'ancien collège, fondé en 1564, grâce à l'initiative de la Confrérie aux Clercs, avec le concours des habitants de la Ville ; à côté de l'ancien collège est l'école Communale des garçons, installée depuis 1846, mais comme groupe scolaire, dans l'ancien bâtiment de l'hôpital des Renfermés, où on recueillait les pauvres, les mendiants de tout sexe et âge, qui n'étaient pas mariés. Une école enseignait les orphelins auxquels on apprenait un métier. Cet hôpital n'existait plus en 1837 et avait été acheté par un particulier, qui le revendit, en 1844, à la Ville, qui en fit les écoles communales établies jusque là, comme on le verra plus loin, dans les bâtiments de l'ancien hôpital Saint-Jacques.

Beaujour (rue de)

Tire son nom d'un château qui, sous l'ancien régime, appartenait aux seigneurs de Beaujour.

Cette rue, de la rue Saint-Louis à la rue actuelle de l'Hermitage, s'est appelée elle-même rue de l'Ermitage, alors que l'actuelle rue de ce nom, qui n'existe que depuis 1847, était la route départementale n° 7.

Belle-Croix (place de la)

Ce nom remonte, paraît-il, au siège de Pontoise, par Henri III et Henri de Navarre. Un magistrat appartenant à la religion réformée, lieutenant du bailli de Senlis, qui avait eu des intelligences secrètes avec les assiégeants, fut condamné à être pendu ; son exécution eut lieu à Paris. L'arrêt portait que ses biens seraient confisqués et qu'il serait élevé devant sa porte une « haute croix », qui rappellerait à la fois le crime et l'expiation ; d'où le lieu aurait pris et conservé le nom de « la Belle-Croix ». Ce fut d'abord une rue — portion de la rue de la Bretonnerie actuelle — puis une place, qui s'appela, pendant la Révolution, place du *9 Thermidor*.

Bordeau (rue du)

Bordeau — ou plutôt..... (un mot peu convenable) — était le nom que portait, alors que Pontoise était fortifiée, une tour bâtie dans les parages de la rue de ce non. Cette tour était ainsi dénommée parce que, probablement, elle était la moins importante, comme construction et comme armement, de toutes celles qui concouraient à la défense de la ville, le mot *bordeau* signifiant, en vieux français, maison chétive, de peu d'apparence ; à moins que, ainsi que le veulent certains étymologistes, le mot *bordeau* vienne de *bord* et *eau*. Ce serait donc parce que cette tour était bâtie au bord de l'eau qu'elle portait ce nom. Il ne faut cependant pas perdre de vue que la tour du Bordeau n'était pas la seule ainsi située.

La rue du Bordeau, qui s'est appelée sous Louis XV rue de *Valgeroult*, régnait alors dans toute la largeur du jardin des Cordeliers. — Ce nom de Valgeroult a certainement la même origine que celui de la commune de *Montgeroult*, lequel provient d'un chef franc appelé Gérold.

Il existait aussi, en ce temps, une rue du *Petit-Bordeau*, qui paraît avoir été, ou à la place des degrés du Pothuis, ou à celle de la rue du Pas-d'Ane.

Quoiqu'il en soit, les noms des rues du Bordeau et du Petit-Bordeau figurent respectivement dans des actes datés de 1430 et 1525, mais elles existaient déjà au xive siècle.

Bordeau (rue du Bas-)

Voir ci-dessus : *Bordeau*.

Bottés (chemin des)

Chemin qui mène au lieu dit *les Bottés*.

Bretonnerie (rue de la)

Nom provenant probablement d'une colonie de Bretons qni seraient venus, à un moment donné, s'établir en cet endroit.

D'autre part le mot *Bretonnerie* proviendrait d'un mot ancien qui signifie *brouter*. *Bretonnerie* se serait dit avant *brouterie*, qui lui-même a été remplacé par *broutement*. En conséquence, la rue de la Breton_nerie aurait été un chemin par lequel on menait brouter les animaux dans les herbages situés alors dans les environs du faubourg de Rouen.

Quelle que soit l'origine de ce nom, la rue existait déjà en 1458, mais sous le vocable de *Pis-de-Vache*. Mes recherches au sujet de ce dernier nom, m'ont conduit à trouver, dans un acte relatif à l'abbaye de Saint-Martin et datant de 1232, qu'il y est question d'une femme ainsi appelée, laquelle était veuve d'Arnoult du Bellay ; mais est-ce bien en sou_venir de la famille Pis-de-Vache, qu'une rue de Pontoise a pris ce nom ? C'est ce que je ne puis affirmer.

Vers l'an 1500, l'entrée de la rue de la Bretonne_rie, c'est-à-dire la portion qui va actuellement de la rue de l'Hôtel-de-Ville à la rue Thiers, prit le nom de rue du *Pont-aux-Tripes*, qu'elle conserva jusqu'après la Révolution. Le nom de Pis-de-Vache ne resta alors qu'à la portion qui part de la rue Thiers pour aboutir, en passant par la place de la Belle-Croix, à la rue de la Coutellerie ; un peu plus tard on la dénomma rue de la Bretonnerie, puis rue de *la Belle-Croix*, puis rue *des Martyrs* (1760 environ). A la Révolution, elle reprit son nom primitif : Pis-de-Vache. C'est sous le premier Empire que cette voie fut, dans toute sa longueur, appelée définitivement rue de la Bretonnerie.

C'est dans la partie de la rue de la Bretonnerie, alors rue des Martyrs, immédiatement au-dessus de la place de la Belle-Croix, que se tenait la Confrérie aux Clercs, après que l'église Notre-Dame, où se trouvait son siège primitif,[1] fut détruite par les troupes royales assiégeant les Ligueurs qui défendaient Pontoise.

Bucherelle (quai de)

Du nom corrompu d'une tour qui, au temps des fortifications de Pontoise, existait là où se trouve aujourd'hui l'usine à gaz.

Autrefois — avant la construction des quais — le quai de Bucherelle, qui comprenait aussi le quai Fontaine, de baptême relativement récent, était le Port au bled et au bois de charpente et à Bruller *(sic)*.

Mais pourquoi Bucherelle, quand la tour portait le nom de *Bicherel* ? Mystère et... édilité, sans doute.

Carnot (rue)

En souvenir de l'Organisateur de la Victoire, à moins que ce ne soit en celui de son petit-fils Sadi — on n'a jamais su au juste, mais il est à présumer que c'est en commémoration du premier.

C'est vers 1896, que le nom de *Carnot* fut donné à cette voie qui, avant cette époque, portait le nom de rue du *Vert-Buisson*, par lequel on désignait deux étangs, dont l'un se trouvait sur l'emplacement de la rue et du chemin de fer et l'autre en deçà du chemin de Saint-Martin, alors chaussée de Jules César. Les étangs du Vert-Buisson — au commencement du xixe siècle on écrivait encore *Verd-Buisson* — défendaient l'approche des remparts de Pontoise « vers la rivière d'Oise ».

Sous Louis XV, la rue du Vert-Buisson, se désignait aussi, et indifféremment, par rue de l'*Etang*.

***

[1] La Confrérie aux Clercs fut instituée en 1284.

Carrières (rue des)

Cette voie, très ancienne, menait à des carrières sises dans les environs de l'abbaye de Saint-Martin.

Champ-Loysel

La rue du Champ-Loysel, interdite aux voitures pour la raison qu'elle se compose en partie de degrés d'escalier espacés par des rampes, existait déjà au xvie siècle, et tire son nom d'un ancien lieu dit. Ce nom de *Loysel* paraît provenir d'un propriétaire. Ce qui me confirme dans cette opinion, c'est qu'au xve siècle, il est fait mention de familles portant le nom de Loysel et habitant Puiseux et Boissy l'Aillerie.

Sous Louis XV, cette voie fut débaptisée pour s'appeler rue *Beau-Faisan*, nom que la Révolution lui retira pour lui rendre son nom primitif.

Château (rue — avenue du)

Le nom de ces voies, sises sur le sommet d'un rocher qui fut, au moyen âge, le *Mont-Bélier*, provient de l'ancien château-fort bâti par Philippe-Auguste et démoli en 1742.

Au xvie siècle, la place du Château, aujourd'hui avenue — de nos jours encore, on dit indifféremment place ou avenue du Château — était dénommée place entre *Saint-Meulon* (pour Mellon) et *Saint-Pierre*, vocables sous lesquels étaient dédiées deux églises édifiées sur le plateau et tout proche le château. Saint-Pierre fut démolie en 1795, malgré un arrêté du 9 juin 1791, pris par la municipalité, demandant à l'Assemblée nationale que cette église soit conservée en même temps que Saint-Maclou et Notre-Dame ; quant à Saint-Mellon, église royale, le terrain sur lequel elle était construite, ayant été jugé peu solide par les chanoines qui l'administraient, ceux-ci prirent, en 1767, le parti de l'abandonner ; elle fut démolie en même temps que Saint-Pierre.

Sous la Révolution, la rue du Château, devançant la place qui recevait d'abord le nom de place de la *Réunion*, prenait celui de rue de la *Montagne*. Peu après la place changeait son nom de place de la *Réunion*, qui alors était donné à la place du Petit-Martroy, en celui de place de la *Montagne*. C'était, en ce qui concerne la rue et la place, un affreux jeu de mots qui prit fin en l'an III, époque à laquelle rue et place reçurent le nom de l'*Egalité*.

L'emplacement de l'ancien château a été donné à la Ville, qui l'a revendu depuis, par Monsieur, frère du roi — plus tard Louis XVIII — à qui il appartenait.

Château-Belger (rue du)

Du nom d'un château fort qui, d'après une légende peu croyable, aurait été construit par Belgius, XIV° roi de Gaule, et fondateur de la Belgique..... et de Pontoise !

Quel que soit celui qui l'a bâti, ce château a bien existé ; il a été détruit par Jules César qui l'assiégea et s'en empara. Taillepied dans son *Recueil des Antiquités et Singularités de la Ville de Pontoise*, en fait mention et affirme que, vers le milieu du xvi° siècle, on en voyait encore des ruines.

En 1840, on appelait cette voie rue du *Château-Verger*, probablement par erreur.

Cheminées (sente des)

Ce sentier en dos d'âne très prononcé et dont chacune des issues affecte une pente fort raide, part de la rue du Haut-de-l'Hermitage, pour aboutir rue Maria-Deraismes. Il est dit *des Cheminées*, parce qu'il y a une trentaine d'années, les masures qui le bordaient étaient bâties en contre-bas, de telle sorte que, seule, la partie supérieure de ces cheminées dépassait, et encore que de fort peu, le sol de cette voie.

Chevalerie (rue de la)

En commémoration de l'ancienne institution militaire féodale.

Autrefois, la place située sur la gauche de la Grande-Rue et face à la Caisse d'Epargne, n'existait pas ; elle était bâtie d'un groupe de maisons, et la rue de la Chevalerie se prolongeait, de la rue de la Corne au nº 29 de la Grande-Rue, mais cette partie portait le nom de rue *Sainte-Marguerite*. Sous la Révolution, la partie supérieure, c'est-à-dire tout ce qui reste actuellement de la rue de la Chevalerie, reçut le nom du *10 Août*, et la rue Sainte-Marguerite, celui de rue *Barra*, du jeune volontaire tué, en 1793, par les Vendéens à l'affaire de Cholet.

Citadelle (rue de la)

La rue de la Citadelle, qui primitivement fut une ruelle, traverse l'emplacement d'une citadelle composée de cinq grands bastions entourés de fossés très profonds, et qui communiquaient par des chemins couverts jusqu'aux fortifications et aux fossés de la Ville. Cette forteresse, qui aurait commandé tout Pontoise, ne fut jamais complètement achevée, Henri IV, et non Louis XIII, comme le prétend l'abbé Trou, l'ayant fait démolir avant qu'elle fut complètement terminée, et par le même arrêté que celui ordonnant « que toutes les citadelles proches de Paris à trente ou quarante lieues à la ronde, seraient rasées ou démolies ».

Presque à l'angle de cette rue et de la rue d'Ennery, on peut voir une sorte de tour consolidée par des contreforts et désignée depuis fort longtemps sous le nom de *'Moulin-Rouge*. Elle est bâtie sur l'emplacement de l'un des bastions.

Clos (chemin des)

Ce chemin tire son nom d'un lieu dit *Sur les Clos*.

On peut admettre, à moins qu'il se s'agisse de vignobles situés à cet endroit, que ce nom, *Les Clos*, a appartenu à une famille pontoisienne ou ayant résidé à Pontoise. En effet, on lit dans *La Ligue à Pontoise*, de M. Henri Le Charpentier, qu'après le premier siège par les armées royales, Pontoise dut payer à Henri IV, une imposition de 60,000 écus, dont seulement, faute de ressources suffisantes, 45,000 furent versés. Tous les habitants étaient taxés selon leur rang et leur fortune ; Mlle des Clos, veuve de Guillaume-Honoré, dut payer 120 écus.

Collège (impasse du)

Cette voie tire son nom du collège édifié à son extrémité sud.

Antérieurement à 1903, date de l'ouverture de notre établissement d'enseignement secondaire, cette impasse, alors voie privée, était dite *Victor Hugo*.

Corne (rue de la)

Nom d'un hôtel qui appartenait aux religieux du Val. On voit apparaître ce nom dès le commencement du XVIe siècle. En 1792, la rue de la Corne fut dénommée rue *Marat*, nom qu'elle ne conserva que très peu de temps, puisqu'en l'an III, elle le changea pour celui de *Descartes*.

Coutellerie (rue de la)

Nom de corporation. C'est une des plus anciennes rues de Pontoise, sinon la plus ancienne. Elle date d'au delà de l'an 1350.

Jusque vers 1855, la portion de la rue de la Coutellerie comprise entre la rue Neuve Saint-Jacques et la rue des Etannets, s'appelait rue du *Pardon*, lieu, qui, sous la Révolution était dénommé *le Brutus*.

Croix-du-Bourg (rue de la)

Tire son nom d'une croix de pierre élevée dans cette partie de la ville, appelée anciennement le *Bourg*. En 1770, la partie en retour d'équerre de cette rue était dénommée rue *Saint-Mellon*. A la Restauration, cette portion prit le nom de rue des *Prêtres*.

Delacour (rue)

En souvenir d'un notaire, qui fut aussi maire de Pontoise vers 1795.

Au XVIe siècle, cette voie s'appelait rue du *Prescheur*, puis du *Pigney*, ce dernier nom d'une porte qui existait à celle de ses extrémités donnant sur l'actuel boulevard des Fossés. Il semble qu'à une certaine époque, que je ne puis préciser, les Cordeliers se soient emparés de cette porte et que, de leur fait, la rue fut transformée en impasse ; c'est ce qui paraît résulter d'une délibération du Conseil général de la commune en date du 2 fructidor an II, où il est pris un arrêté rendant cette issue à la circulation publique. A cette époque, la rue Delacour portait le nom de rue du *Peigne*. Sous le premier Empire, ou la dénommait rue des *Filles-Perdues*.

En même temps que le comte de Provence donnait à la Ville l'emplacement de l'ancien château, il lui faisait don de « la partie des Fossés de la Ville entre la maison du sieur Thomas et les Cordeliers, pour ouvrir un chemin de la rue du Peigne au cimetière neuf ». C'est ainsi qu'on désignait le cimetière de Clamart sur la place actuellement dite Nicolas Flamel. Je n'ai vu nulle part que ledit chemin ait jamais été ouvert.

Deux-Ponts (rue des)

Tire son nom des deux ponts qui la coupent transversalement dans son tracé. Le premier, en venant de la rue des Pâtis, s'appelle le pont de *Marcouville*, le second, le pont des *Etannets*.

Enfermés (impasse des)

Renfermés eut peut-être été plus exact. Cependant l'hôpital qui a donné son nom à cette impasse, est désigné dans certains actes, certaines délibérations des corps municipaux, sous le vocable d'hôpital des *Enfermés* ; mais l'attribut *Renfermés* se rencontre plus souvent. On sait que l'école communale des garçons, à l'ouest de laquelle est sise l'impasse en question, est installée dans les anciens bâtiments de cet asile.

Ennery (rue d')

Voie conduisant au village d'Ennery. Elle ne porte ce nom que depuis la Révolution ; auparavant elle s'appelait rue *Saint-Antoine*. En 1770, cette rue n'était pas autrement dénommée, du moins dans sa portion comprise entre la rue de Gisors et la rue Taillepied, que *le pavé qui conduit à Ennery*.

En dehors de l'agglomération, c'est-à-dire aussitôt après la rue Gambetta, la rue d'Ennery se continue comme *chemin d'Ennery*. A la rencontre de celui-ci et du chemin de grande communication de Pontoise à Beauvais, se trouve le lieu dit les *Fonds de Saint Antoine*, nom provenant d'un hôpital de *Saint-Antoine du Val le Roi*, édifié jadis à cet endroit et destiné à abriter pendant quelques jours les voyageurs pauvres, les mendiants et les estropiés.

Épée (rue de l')

L'origine du nom de cette rue est inconnue ; elle ne se soupçonne même pas. La seule hypothèse admissible, est que ce nom lui viendrait d'une enseigne; mais le cas s'est déjà présenté alors qu'antérieurement au xviiie siècle, la rue de l'Epée s'appelait rue du *Soleil*, enseigne d'une auberge établie dans son parcours.

Éperon (rue de l')

La rue de l'*Éperon* tire son nom d'un fort appelé l'*Esperon Notre-Dame*. Ce fort. en forme d'éperon, naturellement, était construit sur l'emplacement actuel du petit labyrinthe dans le Jardin de la Ville.

La portion de cette rue qui va de la rue de la Coutellerie à la ruelle des Poulies, s'appelait anciennement *rue de la Savaterie*. Sur le cadastre, établi en 1813, le haut de la rue de l'Eperon est indiqué comme étant *rue de la Fauterie*. Il y a tout lieu de croire que c'est une erreur, car dans tous les autres documents qui me sont passés sous les yeux, je n'ai trouvé aucune trace de ce nom.

Étannets (rue des)

A défaut de document, deux hypothèses peuvent être invoquées pour expliquer l'origine du nom de cette rue. La première serait que le mot *Etannets* signifierait « petits étangs », ce qui n'aurait rien que de très plausible si l'on réfléchit qu'à l'autre extrémité de la ville se trouvaient les étangs du Vert-Buisson ; quoi d'étonnant, alors, à ce qu'il y ait eu, à la place des marais situés à l'extrémité nord de la rue des Etannets, plusieurs petits étangs? La seconde hypothèse admettrait que par corruption le mot *Etannets* viendrait de *tanneurs, tanneries*.

La rue des Etannets est fort ancienne.

Fèves (impasse aux)

Cette voie qui, sans jamais avoir possédé deux issues, était qualifiée de rue, portait, au xvie siècle, le nom de *Gillet* ; au xviie elle s'appela *rue d'Enfer,* qu'elle changea, à la Révolution, pour celui de *rue aux Fèves,* probablement parce que les paysans des environs, qui, au marché, vendaient plus spécialement des fèves, se tenaient tout particulièrement à cet endroit.

Fontaine (quai)

En souvenir de l'illustre architecte à qui l'on doit, entre autres monuments de la Capitale, la partie du Louvre qui longe la rue de Rivoli, cette même rue de Rivoli depuis la place de la Concorde jusqu'à la rue de l'Echelle, l'Arc de triomphe du Carrousel, ainsi que l'aménagement en musée du château de Versailles.

Fontaine est né à Pontoise, au faubourg Notre-Dame, en 1762, et est mort à Paris en 1853.

Le quai Fontaine s'est d'abord appelé quai du *Bucherelle,* puis quai de *l'Hôtel-Dieu* ou de *l'Hospice.*

Fontaine d'Amour (ruelle de la)

Cette ruelle tire son nom d'une source située dans les terrains en bordure et à gauche de la nouvelle voie, en ce moment en construction dans l'axe, et en prolongement de la rue des Vinets. Il était déjà question de la Fontaine d'Amour du temps de Charles V. Voici, d'après une vieille tradition, d'où provient ce nôm.

Dans le jardin d'une propriété appelée aujourd'hui la *Maison Rouge* — propriété actuellement morcelée et en vente — sise sur l'emplacement d'un ancien manoir appartenant à la famille de Nesle, se voyait — et se voit encore puisqu'elle existe toujours — une source dont les eaux s'épanchaient dans la Viosne — la Couleuvre serait plus exact. La vieille tradition veut que ce soit auprès de cette source, qu'une jeune fille, appelée Alix de Nesle, éprise d'un écuyer de son père, nommé Béranger, trouvait moyen de venir secrètement s'entretenir avec lui. Quand le père eut connaissance de ces rendez vous, il fit aposter des assassins qui tuèrent Béranger. Alix, en arrivant au rendez-vous, ne trouvant plus que le corps inanimé de son amant, alla, de désespoir, s'enfermer dans l'abbaye de Maubuisson, où elle mourut religieuse.

L'abbé Trou, dans l'ouvrage de qui se trouve cette sombre histoire, a soin de prévenir ses lecteurs que le fait n'a rien d'authentique. On s'en doutait bien un peu, mais c'est ce fait, authentique ou non, qui fit donner à la source en question, le nom de *Fontaine d'Amour*.

Anciennement la ruelle de la Fontaine d'Amour ne suivait pas exactement le tracé que nous lui connaissons aujourd'hui, lequel a été notablement modifié par suite d'alignements successifs.

Forêt-Hardelot (rue)

Origine inconnue. Tout ce que j'ai pu trouver qui ait rapport à ce nom, c'est que dans l'arrondissement de Boulogne-sur-Mer, il existe une commune du nom de *Hardelot* laquelle possède un château-fort datant de 1223.

A remarquer d'abord que cette voie s'appelait primitivement *rue de la Forêt-Hardelot*, ensuite, qu'alors que la rue de la Harengerie actuelle portait le nom de la rue de la Triperie, la rue Forêt-Hardelot était « *ditte de la Harengerie* ».

Il faut croire que ce nom de Forêt-Hardelot, dont la seconde partie pourrait très bien avoir appartenu à un seigneur, était jugé comme rappelant le régime exécré, puisqu'en 1794, elle prit le nom de *rue du 31 Mai*, qu'elle changea encore, par arrêté du 12 ventôse an III pour celui de *rue de la Modération*.

Fortes-Terres (chemin des)

Du nom d'un lieudit. Dans cette partie de la ville,

bâtie depuis, relativement, peu de temps, le sol cultivable est argileux. On sait que l'argile est la caractéristique des terres fortes.

Fossés (boulevard des)

Voie percée sur l'emplacement des fossés qui défendaient, de ce côté, les approches des anciennes fortifications de Pontoise, dont on peut voir encore aujourd'hui, sur ce boulevard même, un peu au-dessus et en face la rue de Beaujour, des vestiges qui consistent en les ruines d'une tour appelée jadis *Tour dans les fossés.*

Lors de sa création, sous le premier Empire, cette voie n'était qu'une rue, c'est-à-dire que sa largeur était moindre et qu'elle n'était pas plantée d'arbres.

Gambetta (rue)

En souvenir du célèbre avocat, tribun et homme d'Etat, ministre de la guerre du gouvernement de la Défense Nationale.

Gare (place de la)

Cette place, ainsi que l'emplacement sur lequel sont construites la gare et la ligne du chemin de fer depuis l'Oise, formaient, avant l'établissement du raccordement de Liesse à Pontoise, des jardins appartenant à l'hospice. Ces jardins avaient été créés vers 1700 par les Jésuites, qui, pour ce faire, avaient dû assécher un des étangs du Vert Buisson, celui servant de fossé aux remparts.

C'est aussi aux Jésuites que l'on doit d'avoir détourné le cours du faux ru de Viosne, qui, avant l'établissement de ces religieux à côté de l'Hôtel-Dieu, se jetait directement dans l'Oise, et de l'avoir dirigé, presque parallèlement à la rivière, sur la

Couleuvre, où il se déverse au-dessus de l'embouchure de celle ci.

L'ouverture de la gare a eu lieu le 1er août 1863.

Gisors (rue de)

Portion, dans la ville, de la route nationale n° 15, de Pontoise à Dieppe, laquelle passe par Gisors. Cette voie, s'il faut en croire l'abbé Trou, existait déjà du temps de Saint-Louis. Mais les dires de l'abbé sont sujets à caution, et cela est tellement vrai, que le digne vicaire de Saint-Maclou prétend que cette rue a porté jadis le nom de *Grande rue de Gisors*. Or, dans mes recherches j'ai pu m'assurer qu'elle s'appelait *Grande route de Gisors*, mais seulement à partir de la rue d'Ennery actuelle, la partie comprise entre cette rue et la porte du même nom étant désignée par *Grande rue du faubourg d'Ennery*.

La *porte d'Ennery* se trouvait exactement sur l'emplacement des immeubles portant les premiers numéros de la rue de Gisors actuelle. On peut encore voir, dans le Jardin de la Ville, à gauche en entrant par la porte de la rue de Gisors, des vestiges assez bien conservés de l'une des tours de cette porte, qui ne fut démolie qu'en 1785, mais dont le pont-levis n'existait plus depuis 1727.

C'est en haut de la rue de Gisors que se trouve le cimetière communal établi sur cet emplacement depuis 1809.

Grande-Rue

Ancienne artère principale de la ville. Il paraît que cette voie portait déjà en 1155, le nom que nous lui connaissons.

Avant la Révolution, la portion qui va du n° 29, environ, à la place de l'Hôtel-de-Ville, s'appelait *rue de la Charée;* en 1792, elle prit le nom de *rue de l'Unité.*

J'ai voulu savoir d'où pouvait bien venir ce nom

bizarre : de la Charée. J'ai trouvé qu'en 1672, la maison sise au n° 23 de la Grande-Rue, avait pour propriétaire un nommé de la Corée ; *Charée* est-il une corruption de *Corée?* C'est bien possible, mais je ne puis le certifier.

D'autre part, on appelle charrée — terme technique comportant deux *r* — le résidu de la préparation de certains produits chimiques, de la soude, par exemple, et dont on se sert comme engrais.

Mais on ne préparait guère de produits chimiques avant 1793, et puis, je n'ai vu nulle part qu'il y ait eu, dans les parages de la Grande-Rue, un établissement de ce genre.

On trouve encore le mot *carée*, sans *h,* qui appartient au vieux français et qui s'employait pour *charretée.* En ce dernier cas je ne vois pas l'analogie : une rue de la Charretée ne signifierait pas grand'-chose.

La question reste donc entière.

Grand-Godet (rue du)

Tire son nom d'un lieudit. Sous la Restauration elle se dénommait *rue de la Cervoise,* peut-être parce qu'un brasseur, ou une auberge où l'on vendait de la bière, y était établi. On sait que la cervoise était la bière des anciens.

Harengerie (rue — place — degrés de la)

La rue de la Harengerie, qui, au XVIe siècle et jusque vers le milieu du XVIIe, portait le nom de *rue de la Triperie,* mène à la *place de la Harengerie,* ainsi dénommée parce que c'était sur son emplacement que se tenaient, dans des sortes d'échoppes, les marchands de poissons, parmi lesquels, probablement, les harengs étaient en majorité.

Cette place porte son nom depuis un temps immémorial, ainsi que les *degrés de la Harengerie,* qui commencent à la place pour finir à la rue de l'Hôtel-de-Ville, à l'endroit où se trouvait jadis la *Pierre-aux-Poissons*.

Hermitage (rue de l' — rue du Haut-de-l' — rue Vieille-de-l')

Ces trois rues, ainsi que la *rue Maria-Deraismes*, ancienne *rue du Fond-de-l'Hermitage*, sont percées sur l'emplacement d'un lieu dit, vers l'an 1000, *Saint-Michel-du-Val*. En ce lieu, se trouvait l'*Hermitage de la Ville* où avaient coutume de « demeurer deux anciens hermites qui, de jour en jour, mendiaient leur vie parmi les rues », nous apprend Noël Taillepied, dans son Histoire de Pontoise.

En 1566, l'Hermitage était habité par trois ermites auxquels plus tard « le roi concéda la possession de l'Hermitage de Saint-Michel-du-Val-lès-Pontoise », après qu'une bulle en date du 24 août 1576, de Grégoire XIII, les eut incorporés à l'ordre des Trinitaires, sous le nom de *Mathurins*.

Pendant longtemps et jusqu'après 1850 — la rue de l'Hermitage actuelle n'a été commencée qu'en 1847 — l'Hermitage n'a été considéré que comme un hameau de Pontoise. Alors le commencement de la rue de l'Hermitage était désigné sous le nom de *chemin de l'Hermitage par en bas* (sic). Ce qui, aujourd'hui, reste de ce chemin est l'actuelle *rue Vieille-de-l'Hermitage*.

Hôtel-de-Ville (place — rue de l')

Au XVIe siècle, la place de l'Hôtel-de-Ville avait nom *place de l'Estape-au-Vin*. En 1790, on la dénomma plus simplement *place de l'Etape*. En ces temps *Etape* ne signifiait pas gîte marqué pour les troupes en route, mais bien *marché*. Sous la Restauration, la place de l'Etape était désignée aussi sous le nom de *place des Cordeliers*. L'abbé Trou prétend, sans indiquer à quelle source il a puisé son renseignement, dont je n'ai trouvé trace nulle part, que cette place s'est appelée anciennement *place de l'Europe*. Elle ne tient son nom actuel que depuis 1854, époque à laquelle eut lieu le transfèrement de la mairie dans l'ancienne dépendance du couvent des Cordeliers. On peut voir encore, à droite, sur la place, des ruines de la chapelle de ce couvent, qui a été démoli en 1792.

En 1580, et jusque vers le milieu du xixe siècle, la rue de l'Hôtel-de-Ville actuelle se divisait en trois portions portant chacune un nom différent. La première, qui partait de la place de l'Estape-au-Vin, pour aboutir à la Pierre-aux-Poissons, située en haut des degrés de la Harengerie, se dénommait *rue de la Cordonnerie*, laquelle, en 1791, prit le nom de *rue Jean-Jacques-Rousseau*, qu'elle conserva jusqu'en 1831, année où elle reprit son ancien nom de rue de la Cordonnerie. La seconde portion, comprise entre les degrés de la Harengerie et la place du Grand-Martroy, s'appelait *rue de la Pierre-aux-Poissons*. La troisième portion, qui allait du chevet de Saint-Maclou à la rue de la Coutellerie, s'est appelée successivement *rue des Prêtres Saint-Maclou, rue de la Victoire,* et en 1791, *rue du Temple*. A noter que cette dernière portion s'est elle-même, un peu avant la Révolution, divisée en deux tronçons, dont le second portait le nom de *rue du Martroy,* et ce tronçon se prolongeait en retour d'équerre devant Saint-Maclou, jusqu'à la rue des Balais.

Hôtel-Dieu (rue de l')

La rue de l'Hôtel-Dieu tire son nom de l'hospice qui en forme tout le côté gauche. En 1770, elle s'appelait *rue Basses* (sic) ; à la Révolution, et jusque sous la Restauration, cette voie et la partie basse de la rue de la Roche, c'est-à-dire la portion de cette rue qui va de la place du Pont jusqu'à la rue du Bordeau. portaient le nom de *rue du Pont d'Oyse*.

L'hospice a été fondé par Saint-Louis. Tel qu'il est aujourd'hui, sauf le pavillon isolé de chirurgie, qui n'a pas plus d'une douzaine d'années d'existence, il date de 1827.

Sous la Révolution, cet établissement portait le nom un peu long, de *Maison d'hospice de l'humanité*.

Jardin public

Cette promenade, appelée communément *Jardin de la Ville*, est formée, dans sa partie comprise entre la rue de la Coutellerie et la rue de l'Eperon, d'une ancienne propriété Verville. On n'en a distrait qu'une petite portion pour y construire les bureaux de la Sous-Préfecture. C'est dans cette propriété que s'étaient installées les Carmélites retour d'exil après la Révolution. Elles en firent alors l'acquisition et, plus tard, l'échangèrent contre leur ancien carmel de la rue Basse, qui, en qualité de bien national, appartenait à la Ville, et que le Conseil général de la commune avait converti en corps de garde.

La pelouse du Jardin public est établie sur les anciens fossés des fortifications remblayés. Devant l'entrée qui donne accès à cette partie de la promenade, entrée qui se fait par la rue de Gisors, on trouve une place aujourd'hui pas dénommée, mais qui, anciennement, vers 1830, s'appelait *Place du Marché aux Vaches*.

Justice (chemin de la)

Chemin qui mène au lieu dit *la Justice*, endroit où, sous l'ancien régime, on pendait les assassins et les voleurs.

Le Charpentier (rue)

En souvenir de Henri Le Charpentier, historien, membre fondateur de la Société historique et archéologique du Vexin, né à Pontoise et mort à l'âge de quarante-cinq ans, en 1884.

Lemercier (rue)

En souvenir du célèbre architecte Jacques Lemercier, né à Pontoise vers 1590, et mort en 1654, auquel on doit la Sorbonne, le Palais-Royal, le pavillon du Louvre, à droite de celui de l'Horloge. Il termina aussi l'Oratoire et commença l'église Saint-Roch. C'est à lui également qu'on doit l'escalier de la cour du Cheval Blanc, au palais de Fontainebleau.

Il y a une vingtaine d'années, alors que le Tribunal tenait ses audiences dans le bâtiment de l'ancien Grand-Vicariat --- musée Tavet actuel — cette rue s'appelait *rue du Tribunal*. Un arrêté du 30 septembre 1791 donna à la partie du n° 1 au n° 9, le nom de *rue du District* — c'était ainsi qu'on désignait les sous-préfectures — et la partie comprise entre les numéros 9 et 19 s'appelait *rue des Fariniers*. Du xviᵉ siècle à la Révolution, la rue du District a porté successivement les noms de *rue des Chaudronniers* et du *Grand-Vicariat* ; la rue des Fariniers était désignée sous le nom de *rue Delavanture*, lequel nom devait appartenir à un propriétaire.

La rue du District, avant de recevoir le nom de rue du Tribunal, s'est appelée *rue de la Tonnellerie*, nom qu'elle portait en 1830.

Le bâtiment où se trouve aujourd'hui le musée Tavet, et qui, je viens de le dire a été le siège du Tribunal après avoir été celui du Grand-Vicariat — la Sous-Préfecture, puis la Justice de paix, se sont tenues dans le bâtiment du fond, ancienne officialité — date de 1468 ; il a été bâti par Guillaume d'Estouteville, cardinal-archevêque de Rouen. Il va sans dire que depuis il a subi de nombreuses réparations.

Lorgeotte (rue de la)

Ancien chemin de Beauvais par Livilliers, connu, vers 1830, sous le nom de *Vieux chemin de Beauvais*, dit *de la Lorgeotte*. Ce mot, que j'ai trouvé aussi écrit *Largeotte*, n'ayant aucune signification en français, il est à croire que c'est le nom, ou le surnom, d'une femme, propriétaire en cet endroit. Il est fait mention, pour la première fois, de ce nom, sur un plan des chemins vicinaux dressé en 1836.

Maréchaux (rue des)

Nom de corporation. Cette rue existait avant la Révolution.

Maria-Deraismes (rue)

En souvenir de la femme de lettres, champion de la revendication des droits de la femme, et qui a habité pendant longtemps les *Mathurins*.

Cette petite rue portait précédemment le nom de *rue du Fond de l'Hermitage*.

Martroy (place du Grand)

Martroy vient de *mercatorium*, marché. La place du Grand-Martroy est donc la *place du Grand Marché*. Au xvi⁰ siècle, cette voie avait nom *Grand'place au bled*; en 1790, on l'appela *place de la Liberté*.

Martroy (place du Petit)

Ou *place du Petit Marché*. Au xvi⁰ siècle, elle se dénommait *Petite Place*; plus tard ce fut la *place Saint-Maclou*; pendant la Révolution on la désigna sous le nom de *place de la Réunion*, après qu'on eut retiré ce nom à la place du Château.

C'est sur cette place que se trouvaient côte à côte, l'Hôtel-de-Ville et la prison. L'Hôtel-de-Ville, dont la façade de style grec, existe encore et sert aujourd'hui d'entrée monumentale au Jardin public, y fut installée jusqu'en 1854 ; la prison n'a été transférée dans les locaux de la rue Victor-Hugo, qu'en 1882.

Il n'y a pas encore bien longtemps, on voyait sur la place du Petit-Martroy, un peu au-dessus de l'impasse de la Prison, une autre impasse, le *cul-de-sac du Trou-Gillet*, dont l'emplacement n'a pas reçu d'autre modification que celle qui consiste en la fermeture de son unique issue au moyen d'une porte cochère qui se dresse entre les immeubles portant les numéros 25 et 27.

Mathurins (rue des)

Tire son nom des ermites mendiants, de l'ordre de la Trinité, *les Mathurins*, établis en ce lieu depuis l'an 1566 jusqu'en 1758.

Pour plus de détails, voir ce qui a été dit au sujet de ces religieux, quand il a été question de la rue de l'Hermitage.

Moineaux (rue des)

Il ne serait pas étonnant que ce nom provienne de certains dispositifs adoptés anciennement en fortification pour relever le flanquement des murailles, dispositifs appelés *moineaux*.

Cette rue se trouve bien percée dans la direction des anciennes fortifications de la Ville.

La rue des Moineaux s'est appelée, pendant un certain temps et à une époque qu'on peut fixer sous le règne de Louis XVI, *rue de la Comté*. Ce mot, qui désignait le territoire sur lequel un comte exerçait son autorité, était autrefois du féminin.

Mouton (rue du)

Tire son nom d'une enseigne d'auberge établie dans cette rue.

Nicolas-Flamel (place)

En souvenir du fameux alchimiste, qui, d'après la légende, serait né à Pontoise, au xiv⁰ siècle. La date de sa naissance, 1330, et celle de sa mort, à Paris, 1418, ne sont qu'approximatives.

Cette place se dénommait encore, vers 1890, *place du Vieux-Cimetière*, parce que c'est sur son emplacement que se trouvait le cimetière de la ville, dit de *Clamart*, avant l'ouverture de celui de la rue de Gisors, qui, ainsi que je l'ai dit plus haut, a eu lieu en 1809.

Notre-Dame (place)

Du nom de l'église élevée à cet endroit, et, qui telle qu'elle est, a été construite — provisoirement — sous le règne de Henri IV.

Les générations qui ont suivi la Révolution ont failli ne pas connaître cet édifice. En effet, un arrêté en date du 27 Brumaire an III, décide que « l'église Notre-Dame étant inutile et qu'elle contient une assez grande quantité de fer et de plomb, lesquels convertis en armes et munitions pourraient être très nécessaires à assurer le maintien de la liberté et de l'égalité, en les employant contre les ennemis de la République, sera vendue ».

Le côté droit de la place Notre-Dame actuelle, en se dirigeant vers la rue de Rouen, avait nom, sous la Restauration, *place* et *rue du Beau-sire-Dieu* ; un peu plus tard on le désigna sous le nom de *rue de la Chaussée Notre-Dame*. Le côté gauche s'appelait *rue Notre-Dame*, en remplacement de celui qu'il portait sous la Révolution et sous l'Empire : *rue de l'Homme-Armé*. Derrière l'église, toute la portion de terrain qui s'étend de la rue Basse à la rue Carnot — alors la place du Parc-aux-Charrettes, n'existait pas — était dénommée *place* et *rue du Chevet-Notre-Dame*.

Au XVIe siècle, le quartier de la place Notre-Dame, alors faubourg de Pontoise, s'appelait la *Foulerie*, ainsi nommé à cause du genre d'industrie qu'on y exerçait : l'apprêt des draps.

Notre-Dame-du-Val (rue)

Ce nom provient d'une abbaye de religieux, qui existait sur cet emplacement. En l'an II de la première République, cette rue prit le nom de *rue Le Pelletier* (de Saint-Fargeau, probablement), mais en l'an III, ce nom « offusquant les regards » laissa la place à celui d'*Helvétius*, philosophe qui mourut en 1771, nom qu'elle ne conserva pas longtemps car, peu après, elle reçut celui de *rue Mably*, autre philosophe, l'un des précurseurs de la Révolution. Elle portait encore ce nom en 1827.

L'abbaye Notre-Dame-du-Val et ses dépendances ont été vendues et démolies en 1791.

Ordre (rue de l')

Cette rue existait, sous son nom actuel, bien avant la Révolution. Elle mène sur la place du Château, où se trouvait l'église collégiale et royale Saint-Mellon, attenante à une congrégation de chanoines. Or, au moyen-âge, les chanoines étaient soumis à la règle monastique, c'est-à-dire qu'ils vivaient en commun ; leur chapitre était donc un ordre. D'où le nom attribué à une rue du quartier.

La Révolution, jouant sur les mots, conserva son nom à cette rue, mais alors *Ordre*, ne signifiait pas communauté, congrégation, mais bien la tranquillité qui résulte de la soumission aux lois.

Palais de Justice (rue du)

Cette voie est contemporaine du Palais de Justice, qui lui a donné son nom, c'est-à-dire qu'elle n'a pas plus d'une vingtaine d'années d'existence.

Paon (rue du)

Tire son nom d'une enseigne.

En 1590, cette voie s'appelait *rue de la Pie*, probablement en souvenir d'un abbé de Saint-Mellon, surnommé *la Pie*, et qui vivait en 1237. La rue du Paon, comme la rue de l'Ordre, mène à la place du Château où étaient édifiées les églises Saint-Mellon et Saint-Pierre. C'est pourquoi, en 1770, la partie en retour d'équerre de cette rue, celle qui accède à l'avenue du Château, avait nom *rue Saint-Pierre*. Cette voie, sur tout son parcours, prit, sous la Révolution, le nom de *rue des Sans-Culottes*, qu'elle ne conserva que peu de temps et qu'elle changea définitivement pour celui de rue du Paon.

Parc-aux-Charrettes (place du)

Cette place est moderne, car elle ne date que d'une soixantaine d'années. Elle a été établie sur l'emplacement d'anciens jardins.

La municipalité qui a décidé sa création, lui a donné le nom de *Parc-aux-Charrettes*, parce qu'elle doit servir de marché aux fourrages et que cette marchandise est vendue sur les charrettes qui l'amènent.

Pas-d'Ane (rue du)

Cette rue est un escalier, mais primitivement c'était un chemin en pente très raide appelé *Montez du Bordeau*, et qui, en ce qui concerne les bêtes de somme, n'était accessible qu'aux ânes et aux mulets chargés mais non attelés.

Pasteur (rue)

En souvenir de l'illustre savant à qui l'on doit la découverte du serum, guérisseur de la rage. Cette rue est nouvelle. Avant sa création, il existait sur son emplacement un sentier qui n'était pas dénommé.

Pâtis (rue des)

Voie qui, partant et en prolongement de la rue de Rouen, à hauteur du château de Marcouville, mène, par la vallée de la Viosne, à Osny, en passant par le lieu dit *Les Pâtis*. Cette dénomination est récente et la rue, qui ne portait pas de plaque indicative autre que celle des distances kilométriques qu'on voit à gauche de son entrée, était désignée depuis longtemps, sous le nom de *Chemin d'Osny par en bas* (sic). Cependant sous la Restauration, elle se nommait *rue du Bouloir*. Ce mot s'appliquant à divers outils propres à des industries diverses, il est à présumer qu'en l'occurrence, c'était du bouloir des tanneurs qu'il s'agissait.

Pelouse (chemin de la)

Chemin tracé sur l'emplacement de la *Pelouse de Saint-Martin*, lieu dit qui s'étendait du chemin de Saint-Martin — usine à gaz — au déversoir.

Petit-de-Coupray (rue)

En souvenir de Madame Petit-de-Coupray, belle-mère de M. Mathias, ingénieur en chef de l'Exploitation au chemin de fer du Nord, et qui possédait une propriété appartenant aujourd'hui à Madame Mathias, sa fille, propriété faisant l'angle de cette rue et de la rue de Beaujour. Madame Petit-de-Coupray est la fondatrice de la crèche Sainte-Emilie, rue Carnot.

Cette voie se dénommait primitivement *rue de l'Ile*. Pour expliquer ce nom, deux versions sont plausibles. Premièrement : une prieure de l'Hôtel-Dieu de Pontoise, s'est appelée Claude de l'Ile. Secondement : cette rue est située presque dans l'axe, pris dans sa largeur, de l'île du Pothuis. J'ajoute que cette dernière hypothèse me paraît la plus acceptable.

Pierre-aux-Poissons (rue de la)

Depuis l'an 1580 jusqu'en 1854, cette voie, dont le nom provient certainement d'une pierre formant table, sur laquelle les mareyeurs déchargeaient le poisson qu'ils amenaient de la mer, laquelle pierre devait être placée en haut des degrés de la Harengerie, cette voie, disais-je, allait desdits degrés, en passant devant la place sise au chevet de Saint-Maclou, alors appelée *place du Pont-aux-Tripes*, ou encore *place du Marché-aux-Navets*, jusqu'à la place du Marché-au-Bled.

D'après un document contemporain, et auquel il est bien difficile d'ajouter foi, ce qui reste aujourd'hui de la rue de la Pierre-aux-Poissons, aurait été jadis un prolongement, en retour sur elle-même, de la rue du Pont-aux-Tripes — commencement de la rue de la Bretonnerie actuelle — vers la place du Grand-Martroy. Je répète que cette assertion est inadmissible, d'abord, parce que la configuration des lieux ne s'y prête pas le moins du monde, ensuite, que tous les plans routiers que j'ai consultés n'en font aucune mention.

Pont (place du)

Cette place tire son nom du pont dont l'issue pontoisienne, s'il m'est permis de m'exprimer ainsi, débouche sur elle.

Port (quai du)

Portion du quai comprise entre le quai Fontaine et celui du Bucherelle. Cette portion, sise à l'extrémité sud de la rue Basse, affecte plutôt la forme d'une place que celle d'un quai.

Pothuis (quai — rue — degrés — île du)

De *Pôt-Huis*, porte du Pont.

Le pont qui existait au xvie siècle, sur le même emplacement que celui que nous connaissons, était défendu, à chacune de ses extrémités, par une porte fortifiée. C'est la porte de la rive pontoisienne qui a donné son nom au quartier et à l'île. — La porte opposée était la *Porte de Paris*.

En 1770, le quai du Pothuis s'appelait *quai du Port-au-Bled*.

L'île du Pothuis portait, sous l'ancien régime, le nom d'*île de Pontoise*. Sous la Révolution, on la désignait sous le nom d'*île des Bonshommes*.

Poulies (ruelle des)

Sente qui traverse le lieu dit *Les Poulies*, endroit où se trouvaient, anciennement, des carrières en exploitation, et dans l'outillage desquels figuraient, certainement, des poulies en grand nombre.

Prison (impasse de la)

C'est au fond de cette impasse, située sur la place du Petit-Martroy, que se trouvait, avant 1882, la maison de détention de l'arrondissement.

Cette petite voie a porté, antérieurement à la Révolution, le nom de *rue de la Geôle*.

Ravine (rue — impasse — pont de la)

Les deux voies et le pont tirent leur nom du petit cours d'eau, la *Ravine Saint-Antoine* — et non de l'*Hermitage* comme on la désigne à tort, même dans les délibérations du Conseil municipal, — qui va se jeter dans l'Oise, après avoir franchi le *pont des Ivrognes*.

Le pont de la Ravine s'est appelé aussi *pont des Mathurins*.

Revert (rue)

En souvenir de M. Revert, meunier, adjoint au maire, né à Pontoise en 1837, et mort en cette ville en 1901.

Cet homme de bien a fait en mourant, plusieurs legs à la Ville et à la Société de Secours mutuels. Ses dons à la Ville ont pour but de soulager, à perpétuité, des misères intéressantes.

La rue Revert portait, antérieurement à la mort de son parrain et bien avant la Révolution, le nom de *Malbranche*. Une délibération du Conseil général de la commune, en date du 15 thermidor an II, lui donna le nom de *rue Vialla*, d'un jeune volontaire tué à l'âge de treize ans, en 1795, dans un combat contre les royalistes du Midi. En 1795, elle reprit son ancien nom de Malbranche, qui est devenu, qui saura jamais pourquoi ? *Mallebranche*. Quelle que soit son orthographe, ce nom ne peut provenir que d'un propriétaire.

Richebourg (rue)

En souvenir de Charles Bourdot de Richebourg, publiciste, né à Pontoise, vers la fin du xviie siècle, et à qui l'on doit un *Coustumier général du bailliage de Senlis, en 1539*. On sait que, sous l'ancien régime, Pontoise dépendait du baillage de Senlis.

Pendant la Révolution, la rue Richebourg fut débaptisée et reçut le nom de *rue de Beauvais*.

Roche (rue de la)

Tire son nom, qu'elle porte depuis le commencement du xvie siècle, de la butte sur laquelle elle est percée, et qu'elle dessert jusqu'à son sommet. Antérieurement à l'an 1500, on désignait cette voie sous le vocable : *Le Roché*. Taillepied, dans son

Recueil des Antiquitez et Singularitez de la Ville de Pontoise, s'exprime ainsi au sujet de cette butte :
« Le Château était bâti sur un rocher ».

On a vu plus haut que ce rocher a eu nom le *Mont-Bélien*.

La portion de la rue de la Roche, qui va de la rue du Château à la place de l'Hôtel-de-Ville, s'est appelée, depuis un temps immémorial jusque vers 1840, *rue de la Picarderie*, nom qui, probablement, a la même origine que celui de la Bretonnerie, c'est-à-dire qui vient d'une colonie de Picards établis en cet endroit.

En 1770, la partie basse de la rue de la Roche, celle qui, depuis, a reçu, pendant un certain temps, et conjointement avec la rue de l'Hôtel-Dieu, le nom de rue du Pont-d'Oyse, était le commencement de la rue du Bas-Bordeau, qui, alors, prenait à la place du Pont.

Rouen (rue de)

Portion, dans la ville, de la route n° 14 de Paris au Havre, en passant par Rouen.

Pendant la Révolution, cette voie, qui n'avait pas les dimensions actuelles, puisque telle que nous la connaissons, elle ne date que du premier Empire, reçut le nom de *rue de La Barre*, fort probablement en commémoration de la mémoire du chevalier mis à mort, à Abbeville, au temps de Louis XV, sous l'inculpation de sacrilège.

Le pont établi sur la Couleuvre, et qui traverse la rue de Rouen, vers sa moitié, porte le nom de *pont de Brise-Échalat*.

Sabot (rue du)

Cette rue, qui tire son nom d'une enseigne, existait déjà au XVIᵉ siècle, et n'en a jamais changé depuis sa création, même pendant la Révolution.

Saint-André (degrés de)

Escaliers conduisant à l'emplacement de l'ancienne église de ce nom. La paroisse Saint-André était, au dire de Taillepied, la plus ancienne de la ville.

Cette église qui, paraît-il, fut édifiée sous le vocable de *Saint-Laurent*, a été vendue par arrêté du 7 frimaire de l'an III, mais ne disparut, sous la pioche des démolisseurs, qu'en 1797.

Saint-Denis (sente)

C'est un chemin vicinal mi-partie sur Pontoise et mi-partie sur Osny.

Ce chemin tire son nom du moulin Saint-Denis situé à proximité.

Saint-Jacques (rue Neuve)

Tire son nom d'une porte — dénommée aussi, porte *Notre-Dame*, puis *porte du Bart* — qui tenait le sien d'un marchand tanneur, bourgeois de Pontoise, *Jacques d'Ennery*, qui avait fait élever dans les environs une chapelle dédiée à son patron, Saint-Jacques, en même temps qu'un hôpital où l'on recevait les pélerins et les pauvres mendiants. Hôpital et chapelle se trouvaient exactement face à la rue Basse, à l'endroit où la rue du Grand-Godet vient y aboutir.

La chapelle, démolie en 1787, était le siège d'une confrérie de pélerins, qui devaient, pour y être admis, justifier d'un pélerinage à Saint-Jacques en Galicie. Les membres de cette confrérie cousaient sur leur pélerine de ces coquilles bien connues, du mollusque appelé scientifiquement *peigne*, mais qu'on ne désigne sous le nom de coquilles Saint-Jacques, ou, plus brièvement, sous celui de Saint-Jacques.

Quant à l'hôpital, il avait été réuni à l'hospice-général — Hôtel-Dieu actuel, — en 1657. J'ignore quelle fut la destination de ces bâtiments, jusqu'à la Révolution, époque à laquelle on en fit les écoles communales, qui se tinrent là jusqu'à leur installation dans les locaux de l'hôpital des Renfermés.

La vieille rue Saint-Jacques partait de l'hôpital de ce nom pour aboutir à la *porte Chapelet*, située dans la rue de la Coutellerie, là où se trouve actuellement l'issue supérieure de la rue Neuve-Saint-Jacques, c'est-à-dire que la vieille rue se dirigeait en descendant vers le midi, alors que la neuve a sa direction vers l'ouest.

Ce changement de direction fut exécuté en 1838. On appela alors, provisoirement, la nouvelle voie, *rampe Notre-Dame*, puis *rampe Saint-Jacques*.

En 1794, l'ancienne rue Saint-Jacques reçut le nom de *rue du Bonnet-Rouge*, qu'un arrêté datant de l'an III changea en celui de *rue de la Valeur*.

Saint-Jean (rue)

Le nom que porte cette rue doit provenir de quelque statue de Saint-Jean nichée dans une des maisons qui la bordaient. La rue Saint-Jean existait bien avant la Révolution, pendant laquelle elle prit le nom de *rue d'Osny*.

Anciennement, cette voie, à partir de la ruelle des Poulies, n'était pas autrement désignée que sous le nom de *Chemin d'Osny par en haut* (sic).

Saint-Louis (place)

La place Saint-Louis tire son nom d'une léproserie instituée, sur cet emplacement, par le pieux roi.

Quant à la rue Saint-Louis, dont, bien entendu,

l'origine est la même que celle de la place, c'était primitivement un sentier, qui partait du *cimetière de Clamart* — Place Nicolas-Flamel actuelle — pour aboutir à la *Croix de Beaujour*. On voit encore des vestiges, parfaitement conservés, de ce sentier fort large, en pente assez accentuée, au côté droit des immeubles formant l'angle de la place et de la rue Saint-Louis actuelles. Quelques marches facilitent l'accès de ce sentier aux piétons, auxquels ils évitent un détour, qui se dirigent de la rue Victor-Hugo, vers les rues Saint-Louis et de Beaujour. On voit encore également, la plus grande partie supérieure de ce sentier, au haut de l'escalier partant du boulevard des Fossés pour aboutir à ce pâté de maisons parmi lesquelles se trouve l'école maternelle Saint-Louis ; ce sentier bordé à gauche, desdites maisons, et à droite, d'une barrière protectrice de chutes possibles, commence bien à la place Nicolas-Flamel pour finir à l'escalier précité, et se trouve bien dans l'axe de la portion décrite ci-avant.

La rue Saint-Louis actuelle s'appelait anciennement *rue de la Côte Saint-Louis*, nom qu'elle portait encore au milieu du siècle dernier.

Avant la mort de Victor-Hugo, la portion de la rue portant ce nom, qui va du boulevard des Fossés à la rue des Tables-Rondes, était désignée sous le nom de *rue Neuve Saint-Louis*.

Saint-Maclou (degrés de)

Quoiqu'aucune plaque ne désigne cette voie, il n'en est pas moins vrai qu'elle porte le nom de *Degrés de Saint-Maclou*.

C'est un escalier, à double évolution dans sa partie supérieure, datant, ainsi qu'une inscription le rappelle, de 1869, et qui n'est connu que sous l'appellation, que tout le monde, à Pontoise, lui donne, de

«Marches du général Leclerc». Il existait déjà, au xvie siècle, mais grossièrement construit et se trouvait à environ quinze mètres à droite dans la rue de la Bretonnerie ; il accédait rue de l'Hôtel-de-Ville, sur l'emplacement du jardin qui porte le n° 45 ; il se dénommait alors les *Esgredez d'Orvale*. Il paraît qu'ainsi écrit, ce nom est mal orthographié, car c'est *Dorvalle* qu'il faudrait écrire, nom d'une ancienne famille de Pontoise. Un Jean Dorvalle fut, en 1543, marguillier à Saint-Maclou.

En haut de ces degrés, sur la plate-forme existant entre les deux évolutions, est édifiée la statue du général Leclerc, beau-frère de Bonaparte. Cette statue, œuvre du sculpteur Lemot, a été donnée à la Ville par Madame la maréchale Davout, sœur du général. Leclerc appartenait à une famille pontoisienne. On trouve, en 1694, un maître-maçon — lisez architecte — de ce nom, et qui était un ascendant du premier mari de Pauline Bonaparte.

Saint-Martin (chemin — rue)

Ces deux voies tirent leur nom de la célèbre abbaye de Saint-Martin, à laquelle elles menaient.

Le *Chemin de Saint-Martin* part de l'Oise pour aboutir à la plaine de Saint-Martin. C'est l'ancienne voie romaine, dite *Chaussée Jules César*, fort probablement rectifiée, qui allait de Lutèce à Juliabona (Lillebonne) en passant par Rotomagus (Rouen).

La *rue Saint-Martin* est la voie principale du quartier du même nom. Il y a quelque cinquante ans, elle se divisait en deux tronçons, et même en trois, si l'on fait entrer en ligne de compte la partie qui va de la place Notre-Dame à la rue Carnot, et qui, comme on l'a vu, s'appelait *rue du Chevet Notre-Dame*. Des deux principaux tronçons, le premier, partant de la rue Carnot pour aboutir rue des Vinets, avait nom, *rue de la Flache*. Comme plusieurs définitions s'attachent à ce mot, le lecteur choisira celle qui lui paraîtra la plus propre ; cependant, au cas où, dans les environs, il aurait existé un bois dans lequel se trouvait une mare, ce serait à cette définition qu'il faudrait s'arrêter, le mot *Flache* exprimant l'idée d'une mare au milieu d'un bois. La rue de la Flache était dite aussi : *rue du faubourg Saint-Martin*. Dans cette rue et sur l'emplacement de la gare de la petite vitesse, on trouvait la *rue des Grands-Jardins*, laquelle était plutôt une impasse.

Pendant la Révolution, la rue Saint-Martin, qui ne commençait qu'à la rue des Vinets, changea son nom pour celui, fort bien approprié, de *rue des Cultivateurs*.

Dans la portion de la rue Saint-Martin qui fut autrefois rue de la Flache, et avant de franchir le passage à niveau du chemin de fer de Dieppe, qui la traverse, et passe d'une rive à l'autre de la Couleuvre sur un pont dit *des Anglaises*, on voit à main droite, le *Moulin des Anglaises.* Ce moulin faisait partie d'un couvent appartenant aux religieuses bénédictines anglaises, fondé, en 1658, par des dames de cette nationalité et faisant partie d'une maison que leur ordre possédait à Boulogne-sur-Mer. Au début, ce couvent prit le nom de *monastère de la Grâce de Dieu*.

La communauté fut dissoute en 1784, et le couvent vendu 34,800 francs, par le District — Sous-Préfecture — de Pontoise, en 1791.

La portion de la rue Saint-Martin qui va du Moulin des Anglaises à la rue des Vinets était, anciennement, ce qu'on appelait la *porte Saint-Martin*.

Quant à l'abbaye de ce nom, elle fut rasée en 1791. Déjà, à cette époque, le couvent était abandonné depuis trois ans, parce qu'en l'année 1788, un orage de grêle épouvantable l'avait ruiné à un tel point que les religieux, dans l'impossibilité matérielle de réparer les dégâts, préférèrent abandonner la place.

Tables-Rondes (rue — impasse des)

Tirent leur nom d'un lieu dit, autrefois hors Pontoise, la *Table-Ronde*.

« Le noble et amoureux lieu de la Table Ronde à Pontoise » a été chanté, en une ballade, par le poète Eustache Des Champs. [1]

Mais pourquoi ce lieu dit, en donnant son nom à des voies publiques, a-t-il pris la marque du pluriel ?

Taillepied (rue)

En souvenir de Noël Taillepied, lecteur en théologie du couvent des Cordeliers de Pontoise, né en cette ville, en 1540, mort à Angers, en 1589. On lui doit plusieurs ouvrages, entre autres *Les Antiquitez et Singularitez de la Ville de Pontoise*, souvent cité dans le cours de ce travail, et qui est le premier livre d'histoire locale venu jusqu'à nous.

La rue Taillepied s'appelait, il n'y a pas encore bien longtemps, *rue du Vieux-Cimetière* ; en 1770, c'était la *rue de l'Ermitage*.

Tavet (impasse)

En souvenir de M. Tavet, archéologue, né à Paris en 1829, mort à Pontoise en 1890, et à qui l'on doit la création du musée.

Cette voie portait, au xvie siècle, le nom de *rue Sainte-Honorine*, qu'elle changea, en 1794, pour celui de *Guillaume Tell*, puis celui de *la Concorde*. Au commencement du xixe siècle, elle reprit le nom de Sainte-Honorine, mais fut classée comme impasse, ce qui d'ailleurs est logique, puisqu'une de ses extrémités est fermée. C'est depuis la mort de M. Tavet, qui a longtemps élu domicile dans cette voie, qu'elle a pris le nom de son érudit habitant.

---

(1) Eustache Morel, dit Des Champs, bailli de Senlis, qui vivait au xive siècle, est le créateur du poème dénommé *ballade*.

Antérieurement au xvi⁰ siècle, l'impasse Tavet s'appelait *rue de la Cloche* ; antérieurement encore on la désignait sous le nom de *rue du Vicaire*, puis sous celui de rue des *Victoires*.

Thiers (rue)

En souvenir du célèbre homme d'Etat, premier président de la troisième République française.

Cette rue a changé bien souvent de nom ; il est vrai qu'elle a changé aussi plusieurs fois d'aspect. Au xvi⁰ siècle, elle s'appelait *rue Fontaine Pierre-Honoré*, d'une fontaine qui y existe encore, à droite un peu avant d'arriver à la rue Basse, mais plus connue, peut-être, sous le nom de *fontaines des Ursulines*; au siècle suivant, ainsi qn'au xviii⁰, elle eut nom *rue des Béguines* ; sous la Révolution, ce fut la *rue Châtier*, puis *des Vertus*, puis encore *du Salut;* en 1800, on la désigna sous le nom de *rue des Ursulines*, d'un ancien couvent de ces religieuses établi à proximité.

Ces dénominations successives n'appartenaient qu'à la portion. qui, en ces temps, était plutôt une ruelle qu'une rue, allant de la rue Basse à celle de la Bretonnerie.

La portion, plus large que la précédente, comprise entre la rue Carnot et la rue Basse, reçut primitivement le nom de *rue Voltaire* ; sous la Restauration elle prit successivement les noms de *rue Neuve Notre-Dame, rue Neuve des Ursulines, rue Lebel,* ce dernier nom, d'un propriétaire qui donna les terrains nécessaires à son élargissement.

Lors des travaux de viabilité exécutés, en 1869, pour ériger la statue du général Leclerc, la nouvelle voie, qui, entre parenthèse, n'a pris son aspect définitif que depuis environ vingt ans, et qui comprend les deux anciennes rues, fut baptisée *rue Impériale.* A l'avènement de la République, on la dénomma *rue de la Gare*. Enfin, après la mort de Thiers, elle prit son nom.

Truffaut (rue)

En souvenir du propriétaire auquel appartenait le terrain sur lequel cette rue a été percée, lequel terrain faisait partie d'un jardin attenant à l'ancienne résidence des Jésuites. Ce propriétaire était meunier et fut maire de Pontoise vers 1822.

La création de la rue Truffaut remonte à l'année 1883.

Victor-Hugo (rue)

En commémoration de la mémoire de l'auteur des *Misérables*.

Cette voie est la réunion de trois anciennes rues. La portion comprise entre la place de l'Hôtel-de-Ville et le boulevard des Fossés, s'appelait primitivement *rue Lebœuf*, du nom d'un propriétaire, qui fit don à la Ville du terrain nécessaire à sa viabilité, car ce n'était encore, en 1825, qu'une sorte de sentier du nom de *rue des Cordeliers*, parce qu'il était percé dans l'ancienne propriété de ces religieux. La portion qui va du boulevard des Fossés à la rue des Tables-Rondes, avait nom *rue Neuve Saint-Louis*. Enfin la troisième portion était le *Chemin de la Côte du Jallet — des Jallais* aurait été plus exact — nom d'un lieu dit du hameau de l'Hermitage.

Vinets (rue des)

Cette rue tire son nom, qui, autrefois, s'écrivait aussi *Vinais,* d'un vignoble auquel elle menait, et sis presqu'au bord de l'Oise. Il est déjà question de ce vignoble, le *Clos des Vinets,* dans un acte datant du xiiie siècle.

Sous la Révolution, la rue des Vinets fut dénommée *rue de la Vigilance*.

POSTFACE

Comme conclusion à cette étude des voies publiques de Pontoise, qu'on me permette une courte observation au sujet de quelques-unes des plus anciennes de ces voies, débaptisées uniquement [pour leur attribuer des noms d'hommes célèbres et contemporains.

Quelque admiration qu'on puisse avoir pour le génie de l'Organisateur de la Victoire et celui de l'incomparable auteur des *Misérables*, je suis obligé de reconnaître que les noms primitifs des voies qui sont aujourd'hui la rue Carnot et la rue Victor-Hugo, étaient bien préférables à ces derniers, qui n'ont rien à voir ni à faire avec Pontoise. Des rues Carnot et Victor-Hugo, il y en a dans toutes les villes de France et jusque dans certains villages. La consécration édilitaire de Paris et celle de Nolay et de Besançon, ces deux dernières, respectivement villes natales de Carnot et de Victor-Hugo, suffisent amplement à la gloire de ces hommes, qui, d'ailleurs, n'ont pas besoin d'avoir leurs noms étalés à tous les coins de rues pour passer à la postérité.

Il est indéniable que les noms de Vert-Buisson, de Lebœuf et de la Côte du Jalet, étaient couleur locale, rappelaient, les uns des dispositions de lieux, l'autre un propriétaire, qui sont, si je puis m'exprimer ainsi, du domaine de Pontoise. Ils avaient aussi, ces noms, quelque chose d'original et de pittoresque, alors que les noms de Victor-Hugo et de Carnot sont aujourd'hui, en raison de l'abus qu'on en a fait, d'une banalité désespérante.

Ce que je viens de dire au sujet de Carnot et de Victor-Hugo, s'applique également à Thiers, Gambetta, Pasteur, et à tous les noms célèbres qui, dans quelque branche que ce soit de l'activité humaine, ont illustré notre pays. On peut trouver facilement, et en quantité suffisante, dans toutes les villes, dans tous les villages, des gloires, ou seulement des personnages marquants locaux, auxquels souvent les municipalités ne songent même pas, pour baptiser les rues qui demandent un nom. Quant à débaptiser des rues dont le nom est intimement attaché à l'histoire locale, pour leur attribuer d'autres noms qui n'ont aucun lien, aucun rapport avec les villes qui les leur octroient, c'est, qu'on me passe le mot, une sorte de vandalisme.

Mais peut-être sont-ce là récriminations inutiles, cette manie de débaptiser les rues n'ayant d'autre cause que l'égoïsme, ou la hantise du nouveau, dont sont atteints, en France, les régimes politiques, ou les municipalités.

SAINT-OUEN-L'AUMONE

Ses Hameaux. — Ses Cours historiques

Il m'a semblé que mon travail ne serait pas complet si, après en avoir terminé avec l'origine des noms des rues de Pontoise, je ne m'occupais pas, dans le même ordre d'idée, de Saint-Ouen-l'Aumône, la commune sœur, le faubourg qui, même, fut à deux reprises un quartier de Pontoise : la première fois, sous Louis XIV, en l'an 1665 [1], et la seconde fois, sous la Convention Nationale, qui, par un décret, annexa purement et simplement la commune à la Sous-Préfecture — au District, comme on disait alors.

Mais cette seconde fois, un tel excès d'honneur ne flatta que fort médiocrement les habitants de Saint-Ouen-l'Aumône. Aussi quelques-uns des plus notables d'entre eux, parmi lesquels se trouvait le grand'père de l'éditeur Pagnerre, se rendirent-ils au siège de la Convention, où ils furent si persuasifs, qu'ils amenèrent cette assemblée à rapporter le décret d'annexion. Cette situation, plutôt préjudiciable à la commune, avait duré un mois : du 28 nivôse au 29 pluviôse, an II.

La plupart des voies qui sillonnent Saint-Ouen-

---

(1) Le 22 décembre, ainsi qu'il ressort de lettres patentes en forme de déclaration du roi, lettres patentes « registrées en la Cour des Aydes de Paris » au jour et en l'année ci-dessus indiqués.

l'Aumône sont fort anciennes, et pour la plupart, si l'on connait la cause de leur dénomination, on ne sait plus rien, exactement, de l'époque de leur création. A ce sujet, je me plais à constater, constatation qui a bien son importance en raison de la rareté du fait, que les municipalités qui se sont succédées à Saint-Ouen-l'Aumône depuis l'avènement du régime politique actuel, n'ont pas éprouvé le besoin de débaptiser les rues séculaires de leur commune, pour leur donner des noms nouveaux et aucunement appropriés.

Aumône (rue Basse — rue Haute)

Ces deux rues forment la principale artère de la ville [1] qu'elle sépare presque exactement en deux, du moins en ce qui concerne l'agglomération.

Longtemps, la *rue Basse-Aumône*, s'est appelée *la Chaussée*, parce que cette voie, alors, comme aujourd'hui encore, la grande route de Paris au Havre et à Dieppe, étant souvent inondée aux moments des hautes eaux, qui venaient parfois jusqu'au puits commun, c'est-à-dire au numéro 12 de la rue Haute-Aumône, — cela se produisait avant l'établissement des quais — on avait été obligé de construire une sorte de viaduc, composé de quinze arches, destiné à relier le quartier de la Haute-Aumône à celui du pont, ou Basse-Aumône. D'où le nom de *Chaussée*.

Alors que sous la Révolution, et après sa séparation de Pontoise, la commune prit le nom de la *Montagne-sur Oise*, la rue Basse-Aumône était dénommée rue *Basse-de-la-Montagne*.

C'est dans cette voie, en face de l'ancienne fonderie, soit aux environs du numéro 36, que se trouvait une bascule destinée à vérifier le poids des voitures publiques assujetties à n'avoir qu'un chargement déterminé, en raison de leur construction et du nombre de chevaux employés à leur traction.

Ces bascules ont été supprimées en 1850.

La *rue Haute-Aumône* fait suite à la rue Basse-Aumône qui prend fin à la mairie. Elle se nommait anciennement *rue Saint-Lazare*, du nom de la léproserie créée par Saint-Louis, et dont l'entrée se trouvait à peu près à la moitié de la côte. Tout en haut, se trouvait l'entrée d'un couvent de capucins dont il sera question un peu plus loin. A cette

---

[1] Saint-Ouen-l'Aumône ayant plus de 2,500 habitants, a droit au titre de ville.

époque, 1789, la rue Saint-Lazare actuelle n'existait
pas.

Sous la Révolution, la rue Haute-Aumône s'est
appelée *rue de la Montagne-sur-Oise*. C'est dans cette
rue, comme on l'a vu plus haut, au numéro 12,
que se trouve le puits public, dont je n'ai
pu trouver la date de la construction, qui est fort
ancienne.

Beaux-Vents (rue des)

Cette rue, sise à la *Girafe* — quartier de la rue de
Paris, ainsi dénommé d'une enseigne d'auberge,
qui, autrefois, se trouvait en ce lieu — est une ancienne sente qui existait depuis un temps immémorial, quand, au commencement du xix⁰ siècle, on la
convertit en chemin vicinal.

Son nom lui vient de ce que, située sur une émi-
nence, elle est exposée à tous les vents.

Bœufs (chemin des)

Ancien chemin de Beaumont, que prenaient les
bouviers, quand le marché aux bestiaux se tenait
à Poissy, pour conduire leurs animaux de ce marché vers Beaumont et au-delà.

Le marché de Poissy a été supprimé en 1866, année où il a été transféré aux abattoirs parisiens de
la Villette.

Capucins (rue des)

Cette petite voie, qui serait plus logiquement qualifiée de ruelle, part de la rue de Saint-Ouen pour
aboutir à la rue du Parc. Elle tire son nom des capucins qui occupèrent un couvent situé autrefois
au haut de l'Aumône, et qui en furent expulsés en
1793. A cette époque, ces religieux ne l'habitaient
qu'au nombre de trois.

Carnot (place)

Ne porte ce nom, qui est celui du Président Carnot, assassiné à Lyon, en 1894, que depuis quelques années.

Aucune plaque ne la désigne, car elle ne comporte pas les immeubles riverains, lesquels font partie, ceux de droite, du Chemin de l'Ecluse, ceux de gauche, du Chemin du Halage. Elle ne comprend donc que la portion délimitée par les trottoirs-refuges plantés d'arbres, sur l'un desquels, celui de droite en regardant l'Aumône, est construit le bureau d'octroi de Pontoise.

Ainsi délimitée, la place n'appartient pas à la commune de Saint-Ouen-l'Aumône; elle est la propriété de l'Etat, auquel la commune paie une redevance pour la plantation des arbres. La ville de Pontoise en paie une également pour l'emplacement du bureau d'octroi.

A première vue, cet état de choses paraît constituer une bizarrerie, mais à la réflexion, on peut lui trouver au moins deux raisons d'être plausibles : ou bien, c'est de ce que, sur cette place, se trouvait édifiée la porte du pont dénommée *Porte de Paris*, ou bien, c'est parce que, lors de la construction des berges et de la canalisation de l'Oise, il a été fait des emprises sur la largeur de la rivière. Or, le pont de Pontoise et ses dépendances, portions de la route nationale numéro 14, ainsi que la rivière, sont propriétés nationales.

Clos-du-Roi — (rue — impasse du)

Du nom d'un lieu dit, anciennement enclos de murs et planté en vignes, et appartenant à l'abbaye de Maubuisson. Ce vignoble portait ce nom en souvenir de Saint-Louis, de qui la mère, Blanche de Castille, avait fondé le monastère. Ce monastère

communiquait avec le clos au moyen d'un passage
en forme de ponceau couvert, appelé l'*Arcade*, passage qu'on peut voir encore aujourd'hui au-dessus
de la Chaussée de Maubuisson, et qui a été construit par l'abbesse d'Orléans-Longueville, morte
en 1664. Il est muré du côté de l'ancien clos.

Colbert (avenue de)

Chemin, planté d'arbres, qui part de l'extrémité
sud du parc de Maubuisson, non loin de l'*Arcade*,
dont il vient d'être question, et qui aboutit à la
route nationale numéro 14, de Paris au Havre et à
Dieppe, vis-à-vis l'ancienne ferme de Liesse.

Ce nom doit provenir de Charlotte Colbert de
Croissy, nièce de Colbert, le fameux ministre de
Louis XIV, et sœur de l'archevêque de Montpellier,
abbesse de Maubuisson en 1719, qui aurait fait établir ce chemin.

Corderie (rue de la)

Sur l'emplacement de cette voie, qui ne date que
de cinq ans environ, et dans un terrain cultivé en
marais, se trouvait un atelier de corderie, appartenant à M. Milly.

Courcelles (hameau de)

Ce hameau, sur le territoire duquel se trouve la
gare d'Epluches, ancienne gare de Saint-Ouen-
l'Aumône, quand celle que nous connaissons aujourd'hui n'existait pas, « vieille gare » de Pontoise,
avant 1863, alors que le raccordement de Liesse
n'était pas construit, tire son nom d'une ferme appartenant à l'abbaye de Maubuisson, et qui était située sur un emplacement proche de l'établissement
de Madame veuve Camille Arnoul, où lors de

l'édification de la maison d'habitation, ce qui restait de cette ancienne ferme a disparu sous la pioche des démolisseurs.

Le hameau de Courcelles possède trois voies :

La RUE DE COURCELLES, du nom du hameau ;

Le CHEMIN DE LA GARE, qui va du carrefour formé par ce chemin, celui d'Épluches et la route de Méry et qui mène à la gare d'Épluches ;

Le CHEMIN D'ÉPLUCHES, qui part du carrefour, ci-dessus désigné, pour aboutir au hameau d'Épluches.

Darras (ruelle)

Nom d'un ancien adjoint, qui vivait vers 1850.

Écluse (hameau — chemin de l')

Quartier fondé en 1836, année où fut construite la premiére écluse, celle de gauche. La seconde a été ouverte à la navigation en 1896.

Ce petit hameau ne possède qu'une unique voie, le chemin du halage, auquel on a donné le nom de *Chemin de l'Écluse,* et qui va dudit hameau au pont de Pontoise.

Écoles (rue des)

Voie nouvelle, ouverte à la circulation en 1904, et qui longe les écoles au nord et à l'est. D'où son nom.

Épluches (hameau d')

Suivant la légende, le titre de seigneur d'Épluches aurait été usurpé par le valet de chambre d'un roi, dont on n'a jamais pu dire autre chose qu'il régnait dans les temps féodaux, et qui serait venu s'installer en ce lieu. Ce titre fut transmis, mais régulièrement, aux ascendants de ce domestique parvenu.

Le hameau d'Épluches, assez important puisqu'il a près de quatre cents habitants, est sillonné de plusieurs voies :

RUE DE LA CHAPELLE. Voie principale du hameau, et prolongement du chemin d'Épluches, dans laquelle, à droite, en se dirigeant sur Vaux et après avoir passé la rue des Égalis, se trouve une chapelle, succursale de la cure de Saint-Ouen.

RUE DES ÉGALIS. Nom d'un lieu dit et qui provient d'un seigneur d'Épluches qui vivait au XVIIe siècle.

CHEMIN DE FRANCE. Route qui part de la rue des Égalis après que celle-ci a franchi le Pont-Petit — pont supérieur de la ligne de Pontoise à Creil — et mène à Bessancourt, et de là, franchissant la côte et la forêt de Montmorency, pénètre dans une vallée appelée autrefois *La France*.

RUE DES DEUX-GARES. Chemin parallèle au chemin de fer et qui longe la ligne, reliant ainsi la gare d'Épluches à la halte du Pont-Petit.

RUE DES GRANDES-CÔTES. Chemin situé tout au haut de la côte, c'est à-dire de la rue des Égalis, et parallèle au Chemin de France.

RUE DE LA RIVIÈRE. Petite voie qui part de la rue de la Chapelle, après avoir passé ladite chapelle, et perpendiculairement à cette rue, descend à l'Oise.

Outre ces voies, Épluches comprend deux lieux dits habités : le *Fond de Vaux*, ainsi dénommé parce qu'il côtoie le hameau de Vaux, dépendance de la commune de Méry-sur-Oise, et l'*Ile des Fontaines*, qui a pris ce nom de ce qu'anciennement, quand l'Oise débordait, le terrain qui forme ce lieu dit n'était pas inondé.

Éragny (rue d')

C'est un chemin latéral au chemin de fer de l'Ouest et qui date de la construction de la ligne, dont l'inauguration eut lieu peu de temps après l'Exposition de 1878. Ce chemin, perpendiculaire à la Chaussée Jules-César, part de cette antique voie, à gauche, aussitôt après avoir franchi le passage à niveau de la halte de Saint-Ouen-l'Aumône, quartier de l'Église, et va rejoindre la route nationale de Pontoise à Versailles.

Groseilliers (impasse des)

Cette impasse se trouve dans la rue du Clos-du-Roi, à droite ; elle aboutit, sans y donner accès, à l'ancienne grange de la Léproserie, dont l'entrée se trouve au numéro 69 de la rue Haute-Aumône. Cette grange date du xiiie siècle, et confinait à la léproserie, ainsi qu'en font foi les titres des propriétaires des immeubles avoisinant cette grange sur lesquels est écrit : *tenant d'un côté la Maladrerie.*

Le nom de *groseilliers* donné à l'impasse provient fort probablement d'une plantation de ces arbustes qui se trouvait sur cet emplacement.

Halage (chemin du)

Comme son nom l'indique, c'est, dans l'agglomération, le chemin latéral à l'Oise, que suivaient les chevaux remorquant les bateaux. J'ai dit « suivaient » parce qu'aujourd'hui ce lent moyen de traction animale n'est plus guère employé, la vapeur l'ayant détrôné.

La dénomination communale, si je puis m'exprimer ainsi, de ce chemin, qui, ainsi que le chemin de l'Écluse, appartient à l'État — la commune de

Saint-Ouen-l'Aumône contribue en nature, c'est-à-
dire en coopérant à son empierrement, à l'entretien
de ce chemin — ne se fait que du pont de Pontoise
et dans la direction du hameau d'Épluches.

Herblay (rue d')

Cette voie, ancien *chemin de Saint-Ouen à Herblay*,
est un chemin vicinal qui, comme son nom l'indique, mène à Herblay. Il part de la rue de Paris, à
droite en se dirigeant sur la Capitale, et à gauche
de la rue des Beaux-Vents, avec laquelle il partage
le même débouché sur la route nationale.

Jardin public

La création de ce jardin, à l'entrée duquel s'élève
la nouvelle mairie, et où, au fond, sont construites
les écoles, est toute récente. Son tracé reste encore
à faire.

C'est l'ancienne propriété Joseph Millet, achetée
en vertu d'une délibération du Conseil municipal
de la commune, en date du 25 août 1900. Sa super-
ficie est de 8,000 mètres carrés.

Jules-César (chaussée)

Tronçon, dans la commune, de l'ancienne voie
romaine de Lutèce à Juliabona — Paris à Lillebonne
— dont la continuation dans Pontoise est, ainsi
qu'on l'a vu dans le cours de ce travail, le chemin
de Saint-Martin. Un pont de bois reliait ces deux
tronçons.

Liesse (hameau — rue de)

Ce hameau, sis à l'extrémité sud-est du territoire
de Saint-Ouen-l'Aumône, tire son nom d'une ferme

appartenant à l'abbaye de Maubuisson, et créée, au xvɪᵉ siècle, par l'abbesse Marie de Pisseleu, sœur de la célèbre duchesse d'Etampes. Ce nom de *Liesse* est peut-être bien un indice de ce que la ferme en question avait été créée dans la joyeuse intention de ne pas s'y ennuyer...?

L'ancienne ferme de Liesse était établie dans un village, disparu aujourd'hui, appelé *la Vacherie*, dont le nom désigne actuellement un lieu dit, lequel est situé au-dessus d'une source connue sous la dénomination de *la Samaritaine*. On se rend à ce lieu dit en passant sur le *Pont-Vert*, pont qui se trouve au-dessus de la ligne du chemin de fer de Paris à Pontoise, et qui raccorde les deux sections du chemin du *Vaudevert*, ou de *la Vacherie*.

La *rue de Liesse* est l'ancien *Chemin de Saint-Prix*, qui, partant de la Girafe, mène à ce village après avoir traversé les territoires de Pierrelaye, de Taverny et de Saint-Leu.

Mail (Grande rue — Petite rue — Route du)

La *Grande rue du Mail* est la portion, dans l'agglomération de la route du même nom.

Anciennement, existait dans les parages, probablement dans la prairie qui se trouve à droite de la route du Mail, une belle promenade où les habitants venaient jouer au mail, jeu de boules qu'on pousse avec un maillet muni d'un long manche et appelé *mail*.

La *Petite rue du Mail* est une voie de peu de longueur, qui relie, afin d'éviter un léger détour aux voyageurs venant de la direction de Pontoise, la rue Basse-Aumône à la Grande rue du Mail au point où elle devient route du Mail

La *Route du Mail* est le prolongement, à travers champ, de la Grande rue du même nom. C'est un chemin de grande communication, qui mène jusqu'au carrefour formé par la route de Méry à droite, au milieu par le chemin de la Gare, et à gauche par le chemin d'Épluches.

Cette voie fut créée peu de temps après la fondation de l'abbaye de Maubuisson, c'est-à-dire vers l'an 1240, et était désignée alors sous le nom de *Chemin de la Basse-Aumône*. Mals tel qu'il est aujourd'hui, le tracé de cette route a été modifié ; il suivait autrefois la voie pavée en partie, sise à sa gauche, et qui conduit aux usines qui bordent l'Oise. Il paraît que le pavage de l'ancien Chemin de la Basse-Aumône date du temps de sa création.

La Route du Mail s'est aussi appelée à un moment donnée, *Chemin du Mail*.

Dans son parcours, la Route du Mail franchit deux cours d'eau qui se rejoignent sur sa gauche pour ne former qu'une seule embouchure dans l'Oise. C'est le *Ru de Liesse* ou *Ru de la Chère année*, créé par la princesse Palatine, abbesse de Maubuisson, morte en 1709. La Ville de Paris, au mépris de tous les droits de propriété, s'est emparé de ce ruisseau pour le faire servir de rigole d'écoulement à l'Oise, au drain qu'elle a été obligé de creuser depuis Pierrelaye, pour recevoir le trop plein de ses eaux usées, que les terres saturées sont incapables d'absorber.

Maubuisson (chaussée — rue de)

Ce mot de *Maubuisson* ou *Malbuisson* provient de *Buisson maudit*, surnom que portait le lieu, dont le nom véritable était *Aulnay* — plantation d'aunes — avant la constitution de la féodalité, parce que c'était un repaire de brigands.

La *Chaussée de Maubuisson* va du Chemin de Méry à la route du Mail, et même, si l'on veut, la traverse pour se confondre ensuite avec l'ancien chemin de la Basse-Aumône ; elle franchit dans son parcours la ligne du chemin de fer de Pontoise à Creil en un passage à niveau. Cette voie, qui fut pavée à son origine, et qui, alors, se prolongeait directement vers l'Oise, date de peu de temps après la fondation de l'Abbaye, dont il reste encore aujourd'hui, dans la propriété de Madame Guérin, quelques vestiges, entre autres, le réfectoire dont on a fait une orangerie, et les tours d'angles des murs de clôture, qui datent du xive siècle.

La *Rue de Maubuisson*, aussi ancienne que la précédente voie et qui, comme celle-ci, fut pavée à l'origine de sa création, mène de la rue Haute-Aumône au château de Maubuisson, lequel est édifié sur le côté de l'ancienne abbaye de ce nom, qui portait aussi celui de *Notre-Dame-la-Royale*.

En 1793, la rue de Maubuisson prit le nom de *Rue de l'Hôpital-Militaire*, l'abbaye ayant été convertie en un hôpital où étaient soignés les soldats blessés devant l'ennemi qui, alors, tentait d'envahir le territoire.

Méry (chemin — route de)

Du temps de l'abbaye, le *Chemin de Méry*, partait de la Girafe pour rejoindre, au nord du parc de Maubuisson, la route de Méry. Aujourd'hui, elle ne part plus que de l'avenue de Colbert. La portion qui va de cette avenue jusqu'à la route nationale n° 14, a pris, depuis quelque dix ans, le nom de *rue Pagnerre*. Ce changement de nom trouve sa justification en ce que, non seulement la propriété du célèbre éditeur y est sise, mais aussi parce que son tracé a été grandement modifié lors de la construction de la ligne de chemin de fer de Liesse à Pontoise, modification qui, à son intersection avec l'avenue de Colbert, a entraîné une solution de continuité.

La *Route de Méry* part de la fourche de Courcelles et, franchissant la ligne de Pontoise à Creil sur un pont, se dirige vers Méry-sur-Oise.

Oise (rue de l')

Chemin qui part de la rue Basse-Aumône et de la station de Saint-Ouen-l'Aumône, côté de l'arrivée des voyageurs venant de Paris, et qui longe d'abord la ligne du Nord, ensuite celle de l'Ouest après avoir traversé celle ci sous un pont, pour aboutir à l'Oise non loin du pont du chemin de fer.

Oraison (rue d')

Rue nouvelle et qui n'est pas encore bâtie, partant de la route du Mail pour aboutir au chemin du Halage. Le tracé de cette voie doit être prolongé dans la direction de la ligne du chemin de fer de Pontoise à Creil.

Elle tire son nom d'un général, ancien conseiller municipal sous Louis-Philippe et sous le second Empire, et propriétaire des terrains sur lesquels elle est tracée.

Pagnerre (rue)

Comme on l'a vu plus haut, cette voie est une ancienne portion du *Chemin de Méry*. Elle se trouve tout au haut de la Haute-Aumône, et a le même débouché sur la rue de Paris que la rue de Liesse, mais elle se dirige à gauche alors que la rue de Liesse va sur la droite.

Cette rue est ainsi dénommée en commémoration de la mémoire du célèbre éditeur — de qui, ainsi que je l'ai déjà dit, la propriété y accède — qui fut aussi vice-président de l'Assemblée Législative, en 1848, fondateur du Comptoir d'Escompte et du Cercle de la Librairie. Pagnerre est né, en 1805, à Saint-Ouen-l'Aumône, dont il fut conseiller municipal, et où il mourut en 1854. Il est enterré dans le cimetière communal où sa tombe est surmontée de son buste, dernière œuvre de Rude.

Parc (rue du)

Cette rue part de la rue de Paris et longe, dans la direction de Conflans, le parc du château de Saint-Ouen. D'où son nom.

Paris (rue de)

Portion de la route nationale n° 14, depuis l'entrée du territoire de la commune jusqu'à la fourche formée par les rues Haute-Aumône et Saint-Lazare.

Prairies (chemin des)

Chemin partant de la rue de l'Oise, à gauche avant d'arriver à l'usine à gaz, et se dirigeant vers les prairies qui avoisinent la ligne du chemin de fer de l'Ouest.

Pressoirs (impasse des)

Cette petite voie, sise rue Haute-Aumône et parallèle à la Petite rue de Saint-Ouen, donnait autrefois accès à deux pressoirs publics, faits d'énormes pièces de bois et munis d'une vis également en bois. Un « châble »[1], qui s'enroulait autour du moulinet, nécessitait pour être manœuvré, les forces réunies de douze hommes.

---

[1] Ortographe primitive de *câble*. Ces deux mots ont la même prononciation.

Sainte-Agnès (rue)

Voie nouvelle et qui n'est encore qu'amorcée, dans le quartier du Mail.

Elle a reçu son nom probablement en souvenir d'Agnès de Laval, deuxième abbesse de Maubuisson, qui succéda, en 1276, et pendant un an seulement, à dame Guillemette, la première abbesse de ce monastère.

Saint-Lazare (rue)

Cette rue ne date que de 1808, et a été établie dans le but d'éviter aux voitures la pente trop accentuée de la rue Haute-Aumône, dont le sommet, à l'époque, était d'un mètre plus élevé. C'est en 1852 qu'on lui a donné son niveau actuel.

Lors de la construction de la rue Saint-Lazare, cette voie reçut le nom de *rue Neuve Saint-Lazare*, la rue Haute-Aumône portant déjà le premier de ces deux noms. Elle a été percée sur l'emplacement, qu'elle traverse, des dépendances de l'ancien couvent des Capucins, qui, ainsi que je l'ai dit plus haut, se trouvait au sommet de l'Aumône.

Saint-Ouen (rue — Petite rue de)

Voie principale de l'ancien village de Saint-Ouen. Elle relie le quartier du *Grand Saint-Ouen* — quartier de *l'Église* actuel — au quartier de l'Aumône.

C'est dans cette rue, un peu avant d'arriver au passage à niveau du chemin de fer de Paris à Dieppe, que se trouve le cimetière communal établi sur cet emplacement en 1818. L'ancien cimetière se trouvait derrière l'église et à droite de ce monument, où existe encore une chapelle édifiée sur un caveau appartenant à la famille de Biencourt, à laquelle appartenait autrefois le château de Saint-Ouen.

Sous la Révolution, la rue de Saint-Ouen portait le nom de *rue du Bel-Air*, probablement à cause de sa situation en pleine campagne, où ses habitants jouissaient d'un air pur et sain.

La *Petite rue de Saint-Ouen* relie la rue de Saint-Ouen à la rue Haute-Aumône. Son nom provient de ce que lors de sa création, cette voie était fort étroite ; c'était plutôt une ruelle, et une ruelle c'est une *petite rue*.

Station (rue de la)

Chemin qui longe le talus du chemin de fer de Pontoise à Creil, depuis le passage à niveau de la Chaussée de Maubuisson jusqu'à la rue Basse-Aumône, où il aboutit en face la station de Saint-Ouen-l'Aumône.

Venel (rue de)

Voie nouvelle dans le quartier du Mail et parallèle à la rue d'Oraison.

Ce nom *de Venel* appartenait à un membre de la famille du Général d'Oraison.

Victor-Leveau (rue)

Rue créée vers 1895 ; elle porte ce nom en souvenir d'un propriétaire, ancien entrepreneur à Pontoise, né à Saint-Ouen-l'Aumône en 1849 et mort au chef-lieu d'arrondissement en 1900.

Quand Victor-Leveau fit, de son vivant, don à sa commune natale de la rue qui porte son nom, elle était en état de viabilité complète, c'est-à-dire pourvue de canivaux pour l'écoulement des eaux pluviales, d'un égout et de potences en fonte supports de lanternes à gaz.

COURS HISTORIQUES

Il existe encore à l'intérieur de quelques-uns des immeubles qui forment l'agglomération de la commune de Saint-Ouen-l'Aumône, des cours ayant un passé historique. Toutes sont situées dans la rue Haute-Aumône :

Au n° 11, se trouve la COUR DE LA PIE — ou du PUY — au fond de laquelle, anciennement, un maraîcher se livrait à la culture des légumes. Au milieu de ce potager, une mare assez profonde était creusée, dont l'eau devait fort probablement servir à arroser les récoltes. Cet ancien potager se trouve aujourd'hui englobé dans le jardin public ;

Au n° 19, se voit la COUR DU CHEVAL BLANC, du nom d'une « hostellerie » installée autrefois à cet emplacement ;

Au n° 27, c'est la COUR DES MIRACLES, ainsi dénommée de ce que, sans aucun doute, les habitations qui la bordaient étaient des repaires de mendiants, d'estropiés, faux ou véritables, de malfaiteurs et autres gens sans aveu ;

Au n° 35, subsiste la COUR DU DAUPHIN, qui a appartenu à l'auberge du *Dauphin* ou de l'*Écu de France* ;

Au n° 53, est sise la COUR DE LA CASERNE, dans laquelle, du temps de Louis XIV, étaient exercés les militaires logés dans la caserne dont elle dépendait ;

La cour du n° 56 est connue sous le nom de Cour
de la Croix verte, et a été ainsi dénommée parce
que autrefois il existait en son milieu, un puits
auprès duquel se dressait une croix, très vraisem-
blablement de couleur verte ;

Enfin, au n° 77 on peut voir la Cour de l'Épée
royale, du nom d'une ancienne auberge à laquelle
elle appartenait.

PONTOISE. — Imprimerie Lucien PARIS.